CALENDARIO

Y

GUIA DE FORASTEROS

DE

LIMA

PARA EL AÑO DE

1834.

POR EL COSMOGRAFO MAYOR D. J. G. PAREDES.

LIMA, 1834.
IMPRENTA DE J. M. MASIAS.

NOTAS CRONOLOJICAS.

Este año es del Nacimiento de Nuestro Señor JESU-CRISTO 1834. De la creacion del mundo 7033. Del diluvio universal 4781. Del descubrimiento de la América 343. De la fundacion de Lima 299. Del gran terremoto é inundacion del Callao 88. De la declaracion de la independencia del Perú el 15. De la batalla de Ayacucho el 11. Del Pontificado de N. M. S. P. Gregorio XVI el 4.

COMPUTO ECLESIASTICO.

Aureo núm: 11. Epacta XX: Ciclo solar 23. Indiccion VII. Letra Domical E.

FIESTAS MOVIBLES.

Septuajésima 26 de enero	Pentecostes 18 de mayo
Ceniza 12 de febrero	Trinidad 25 de mayo
Pascua 30 de marzo	Corpus 29 de mayo
Ascension 8 de mayo	1 Dom. de Adv. 30 de Nov.

TEMPORAS.

Febrero 19, 21, 22.	Setiembre 17, 19, 20.
Mayo 21, 23, 24.	Diciembre 17, 19, 20.

Continua el indulto de carnes *

* El venerable Dean y Cabildo, Gobernador en sede vacante de esta Santa Iglesia Metropolitana, en uso de las facultades ordinarias y delegadas que le competen por derecho y voluntad presunta de Su Santidad en estas circunstancias de incomunicacion, se ha dignado refrendar en 20 de diciembre de 1831, el edicto de 12 de diciembre de 1825 sobre la subsistencia del indulto para comer carnes saludables en los dias de cuaresma y demas de abstinencia del año, á excepcion del miercoles de ceniza, los viernes de cuaresma, el miercoles, el jueves, viernes y sabado de semana Santa, vijilias de la natividad de Nuestro Señor, y de Pentecostes, de la Asuncion de Nuestra Señora, y las de los bienaventurados apóstoles S. Pedro y San Pablo, y con las calidades contenidas en la constitucion del Señor Benedicto XIV de 30 de mayo de 1741: é igualmente sobre concesion de los privilejios y gracias que se expresan en el sumario de la bula de cruzada de vivos y difuntos; con la condicion de que para comer carnes en los dias dispensados, y obtener las otras gracias, han de practicar los fieles una vez en cada bienio por via de penitencia ó piedad, la de-

DIAS EN QUE ASISTE EL GOBIERNO CON LAS CORPORACIONES A LA SANTA IGLESIA CATEDRAL.

El Miercoles de Ceniza.
El Domingo de Ramos.
El Jueves Santo á la Catedral y estaciones.
El Segundo dia de Pascua de Resurreccion.
El Dia de Corpus á la misa y procesion.
El 19 de marzo, dia de S Jose, patron de la república.
El 28 de julio, aniversario de la proclamacion de la independencia.
El 6 de agosto, aniversario de la jornada de Junin.
El 15 de agosto, dia de la Asuncion de Nuestra Señora
El 30 de agosto, dia de Santa Rosa.
El 24 de setiembre, al templo de la Merced, á la fiesta de Nuestra Señora patrona de las armas.
El 8 de diciembre, dia de la Inmaculada Concepcion de Nuestra Señora.
El 9 de diciembre aniversario de la jornada de Ayacucho.
El 26 de diciembre, al siguiente dia de Navidad.

ESTACIONES.

Empezará el otoño entrando el sol en el signo de Aries el 20 de marzo á las 8h. 51m. de la noche. El invierno al entrar en Cancer el 21 de junio á las 6h. 6m. de la tarde. La primavera al llegar á Libra el 23 de setiembre á las 8h 10m. de la mañana. El estio llegando á Capricornio el 22 de diciembre à la 1h. 26m. de la mañana.

ECLIPSES.

Este año habrá tres eclipses de sol en los dias 9 de enero, 7 de junio, y 30 de noviembre: y dos de luna en 21 de junio, y 15 de diciembre; de ellos solo son visibles los dos segundos, y sus circunstancias en Lima son las siguientes.

Eclipse total de luna el 21 de junio.

Principio del eclipse á las	1h.	21 2-3m.	de la mañana
Fin de la inmersion	2	26 1-3	
Medio	3	9 1-3	
Principio de la emersion	3	52 1-3	

---

mostracion religiosa, designada en el mismo edicto á beneficio de los hospitales, y en dónde no los hubiere, de pobres y demas obras de caridad, por cuyos medios conseguirán los beneficios espirituales de que se ha hecho mencion—D. O. D. Y. V. D. y C.—*Carlos de Orbea.*—C. S. de C. y G.

Fin del eclipse 4 57.

Eclipse parcial de luna el 15 de diciembre.

Principio á las	10 h.	14	2-3 de la noche.
Medio	11	43	3-4
Fin	1	12	3. 4de la mañana del 16

Magnitud del eclipse 8 dijitos 10m. por lo parte austral del limbo de la luna.

NOTAS METEOROLOJICAS Y JEOGRAFICAS.

Los dias de mayor calor en Lima en el año pasado fueron del 28 de febrero al 14 de marzo en que estuvo el termómetro entre 23 1-3 y 24 1-3 gr. [escala de Reaumur], y los de mayor frio del 19 al 23 de julio en que bajó á 14 1-4 gr. La latitud de Lima es de 12g 2m. 24s. austral. La lonjitud desde el meridiano de Paris 79gr. 27m. 45s. occidental, y en tiempo 5h. 17m. 51s. La variacion magnética es de 9gr. 48m. N. E. El mayor dia del año es el 22 de diciembre de 12h. 42m.: el menor el 21 de junio de 11h. 18m La oblicuidad media de la ecliptica en este año es de 22gr. 27m 40"7s.

DIVISION DEL TERRITORIO DE LA REPUBLICA.

DEPARTAMENTOS.	PROVINCIAS.
Amazonas.—3	Chachapoyas, Maynas, Pataz.
Arequipa. —7	Arica, Caylloma, Camaná, Çercado, Condesuyos, Moquegua, Tarapacá.
Ayaçucho. —9	Andahuaylas, Cangallo, Castrovireyna, Huamanga, Huancavelica, Huanta, Lucanas, Parinacochas, Tayacaja.
Cuzco——11	Abancay, Aymaraes, Calca, Cercado, Cotabambas, Chumbivilcas, Paruro, Pauçartambo, Quispicanchi, Tinta, Urubamba.
Junin——8	Cajatambo, Conchucos, Huaylas, Huamalies, Huanuco, Huari, Jauja, Pasco.
Libertad.—7	Cajamarca, Chota, Huamachuco, Jaen, Lambayeque Piura, Trujillo.
Lima.——8	Canta, Cañete, Cercado, Chancay, Huarochirí, Ica, Santa, Yauyos.
Puno.——5	Azangaro, Carabaya, Chucuito, Huancane, Lampa.

Poblacion en los 7 departamentos ó 58 provincias, segun el censo de 1795

	Habitantes.
Arequipa	136,812
Ayacucho	159,608
Cuzco	216,382
Junin	200,839
Libertad y Amazonas	230,970
Lima	149,112
Puno	156,000
Total	1.249,723

Posicion jeografica de las ciudades capitales de departamento.

	Latitud austral.		Diferencia de meridiano con Lima en tiempo.		
	gr	m.	m.	s.	
Arequipa . .	16	13	18	57	O.
Ayacucho . .	13	1	10	59	
Cuzco . . .	13	32	22	22	
Huánuco . . .	10	2	7	34	
Lima	21	2	0	0	
Puno	16	21	26	40	
Trujillo . . .	8	5	7	33	E.
Chachapoyas .	6	12	1	12	

Nota.—En el Calendario van notados con letra cursiva los dias festivos en toda la comprehension de la República: los festivos en las capitales de los departamentos y provincias, con esta señal ✠✠: los de obligacion de misa en los mismos lugares con esta ✠. (eA) (eC) (eV) designan las entradas de los correos de Arequipa, Cuzco y Valles: (sA) (sC) (sV) sus salidas. Los lunes 1.° y 3.° de cada mes sale correo para toda la carrera de Pasco, los demas lunes para solo Pasco: las entradas son los jueves ó viernes.

1834 ENERO 31 dias, la Luna 30.

El Sol	sale		se pone		El Sol	sale		se pone	
DIAS	H.	M.	H.	M.	DIAS	H.	M.	H.	M.
1	5	39	6	21	15	5	42	6	18
5	5	40	6	20	20	5	43	6	17
10	5	41	6	19	25	5	44	6	16

1 *Mierc.* *La Circuncision del Señor*
2 *Juev.* San Isidoro ob (eA)
CUARTO MENGUANTE á las 10h. 59m. de la mañana.
3 *Viern.* San Antero p. y m
4 *Sab.* San Aquilino y cc. mm (sA)
5 DOM. San Telesforo p. y m [eV]
6 *Lun.* *La Epifania del Señor*
7 *Mart.* San Julian m. *Se abren las velaciones*
8 *Mierc.* San Luciano y cc. mm [sV]
9 *Juev.* San Julian y santa Basilisa mm. [eC]
CONJUNCION á las 5h. 54m. de la tarde. *Eclipse de Sol*
10 *Viern.* San Nicanor m *(invisible.*
11 *Sab.* San Hijinio p. y m
12 DOM. San Benito ab (sC)
13 *Lun.* San Gumesindo presb. y m
14 *Mart.* San Hilario m
15 *Mierc.* San Pablo primer ermitaño
16 *Juev.* San Marcelo p. y m. y san Fuljencio ob
17 *Viern.* San Antonio ab [eA]
CUARTO CRECIENTE á las 9h. 23m. de la noche
18 *Sab.* La cátedra de s. Pedro en Roma y sta. Prisca v. y m
19 DOM. El Santísimo nombre de Jesus s. Canuto rey y m y s. Mario y cc. m. (sA)
20 *Lun.* Ss. Fabian y Sebastian mm [eV]
21 *Mart.* Santa Ines v. y m. y s. Fructuoso y cc. mm.
22 *Mierc.* Ss. Vicente y Anastasio mm. *Comienza la canícula.*
23 *Juev.* San Ildefonso arzob y s. Raymundo de Peñafort [sV]
24 *Viern.* San Timoteo ob. y m (eC)
25 *Sab.* La conversion de s. Pablo apóstol
OPOSICION á las 4h. 51m. de la mañana.
26 DOM. *Septuaj.* San Policarpo ob. y m. y sta. Prisca viuda
27 *Lun.* San Juan Crisostomo ob. y d [sC]
28 *Mart.* San Julian ob
29 *Mierc.* San Francisco de Sales ob. y c
30 *Juev.* Sta. Martina v. y m
31 *Viern.* San Pedro Nolasco c. y f.
CUARTO MENGUANTE á las 7h. 52m. de la noche.

1834 FEBRERO 28 dias, la Luna 30.

El Sol	sale		se pone		El Sol	sale		se pone	
DIAS	H.	M.	H.	M.	DIAS	H.	M.	H.	M.
1	5	45	6	15	15	5	48	6	12
5	5	46	6	14	20	5	49	6	11
10	5	47	6	13	25	5	51	6	9

1 *Sab.* San Ignacio ob. y m
2 DOM. *Sexajésima.* La purificacion de Ntra. Señora [eA]
3 *Lun.* San Blas ob. y m.
4 *Mart.* San Andres Corsino [sA]
5 *Mierc.* Sta Agueda v. y m [eV]
6 *Juev.* Sta. Dorotea v. y m
7 *Viern.* San Romualdo ab
8 *Sab.* San Juan de Mata f (sV)
CONJUNCION á las 11h. 38m. de la mañana,
9 DOM. *Quinquajésima.* Sta. Apolonia v. y m. [eC]
10 *Lun.* Santa Escolastica v. y san Guillermo c.
11 *Mart.* San Saturnino m. *Se cierran las velaciones.*
12 *Mierc.* *Ceniza.* Sta. Eulalia v. y m. *Catedral* (sC)
13 *Juev.* San Benigno m
14 *Viern.* Las Llagas de N. S. J. C. y san Valentin m.
15 *Sab.* Ss. Faustino y Jovita mm.
16 DOM. 1.° *de cuaresma.* San Julian y cc. mm
CUARTO CRECIENTE á las 4h. 18m. de la tarde
17 *Lun.* San Julian de Capadocia m. *Pasa el sol nuestro zenit hacia el norte.* (eA)
18 *Mart.* San Simeon ob. y m.
19 *Mierc.* San Gavino m. *Temporas* (sA)
20 *Juev.* San Leon ob. [eV]
21 *Viern.* San Felix ob. *Temporas*
22 *Sab.* La cátedra de S. Pedro en Antioquía. *Vijilia Temp.*
23 DOM. 2.° *de cuaresma.* Sta. Margarita de Cortona y san Florencio ob [sV]
OPOSICION á las 3h. 37m. de la tarde.
24 *Lun.* San Matias apostol. (eC)
25 *Mart.* San Cesareo c.
26 *Mierc.* San Alejandro ob.
27 *Juev.* San Fortunato y cc. mm (sC)
28 *Viern.* San Roman ob.

1834 MARZO 31 dias, la Luna 29.

El Sol DIAS	sale H.	M.	se pone H.	M.	El Sol DIAS	sale H.	M.	se pone H.	M.
1	5	53	6	7	15	5	58	6	2
5	5	54	6	6	20	6	0	6	0
10	5	56	6	4	25	6	2	5	58

1 *Sab.* San Rosendo ob
2 DOM. 3.° *de cuaresma.* San Lucio ob y cc. mm (eA)
CUARTO MENGUANTE á las 6h. 53m. de la mañana.
3 *Lun.* Ss. Emeterio y Celedonio mm
4 *Mart.* San Casimiro c (sA)
5 *Mierc.* San Eusebio y cc. mm [eV]
6 *Juev.* Ss. Victor y Victoriano mm
7 *Viern.* Sto. Tomas de Aquino
8 *Sab.* San Juan de Dios. *Acaba la canicula* [sV]
9 DOM. 4.° *de cuaresma.* Santa Francisca viuda [eC]
10 *Lun.* San Meliton y cc. mm
CONJUNCION á las 5h. 57m. de la mañana
11 *Mart.* San Eulojio presb. y m.
12 *Mierc.* San Gregorio p. y d. (sC)
13 *Juev.* San Leandro arzob.
14 *Viern.* Sta. Florentina v.
15 *Sab.* San Raymundo f. y san Lonjino m.
16 DOM. *de Pasion* San Julian m.
17 *Lun.* San Patricio ob. [eA]
18 *Mart.* San Gabriel arcanjel
CUARTO CRECIENTE á las 7h. 46m. de la mañana
19 *Mierc.* ✠ San José esposo de Nuestra Señora, patron de la república *Catedral* (sA)
20 *Juev.* Santa Eufrasia m *Otoño* (eV)
21 *Viern.* Los dolores de Nuestra Señora, y san Benito ab. y f.
22 *Sab.* San Saturnino y cc. mm. *Visita de carceles*
23 DOM. *de Ramos* San Victoriano y cc. mm. *Catedral* [sV]
24 *Lun.* *Santo* Ss. Marcos y Timoteo mm. [eC]
25 *Mart.* *Santo* *La Anunciacion de Nuestra Señora*
OPOSICION á la 1h. menos 2m. de la mañana.
26 *Mierc.* *Santo* San Braulio ob
27 *Juev.* *Santo* San Ruperto ob *Catedral* [sC]
28 *Viern.* *Santo* San Sixto p *Catedral*
29 *Sab.* *Santo* San Cirilo m
30 DOM. *Pascua* San Juan Climaco ab.
31 *Lun.* ✠✠ *Pascua* Santa Balbina v. *Catedral*
CUARTO MENGUANTE á las 8h. 14m. de la noche

1834 ABRIL 30 dias, la Luna 30.

El Sol	*sale*		*se pone*		*El Sol*	*sale*		*se pone*	
DIAS	H.	M.	H.	M.	DIAS	H.	M.	H.	M.
1	6	4	5	56	15	6	9	5	51
5	6	6	5	54	20	6	11	5	49
10	6	7	5	53	25	6	12	5	48

1 *Mart.* ✠*Pascua* Sta. Teodora m.
2 *Mierc.* San Francisco de Paula f (eA)
3 *Juev.* San Pancracio ob. y m
4 *Viern.* San Isidoro ob. y c [sA]
5 *Sab.* San Vicente Ferrer c [eV]
6 DOM. *Cuasimodo.* San Celso ob
7 *Lun.* San Epifanio ob. y m *Se abren las velaciones*
8 *Mart.* San Dionisio ob. (sV)
CONJUNCION á las 11h. 32m. de la noche
9 *Mierc.* Sta. Maria Cleofe [eC]
10 *Juev.* San Ezequiel profeta
11 *Viern.* San Leon ob. y d
12 *Sab.* San Zenon ob. y m. (sC)
13 DOM. San Hermenejildo m
14 *Lun.* San Tiburcio y cc. mm
15 *Mart.* Sta. Basilisa y Anastasia mm.
16 *Mierc.* Sto. Toribio ob. y santa Engracia v. y m
CUARTO CRECIENTE á las 7h. 10m. de la noche
17 *Juev.* San Anacleto p. y m. y la B. Mariana de Jesus [eA]
18 *Viern.* San Eleuterio ob. y m
19 *Sab.* San Vicente m (sA)
20 DOM. El Patrocinio de san José y Santa Ines v. [eV]
21 *Lun.* San Anselmo ob. y d.
22 *Mart.* Ss. Soterio y Cayo pp. y mm
23 *Mierc.* San Jorje m [sV]
OPOSICION á las 9h. 28m. de la mañana
24 *Juev.* San Fidel (eC)
25 *Viern.* San Marcos evanjelista
26 *Sab.* Ss. Cleto y Marcelino pp. y mm
27 DOM. Sto. Toribio arzob. de Lima (sC)
28 *Lun.* San Vidal m.
29 *Mart.* San Pedro m.
30 *Mierc.* Sta. Catalina de Sena v.
CUARTO MENGUANTE á las 11h. 25m. de la mañana.

1834 MAYO 31 dias, la Luna 30.

El Sol DIAS	sale H.	M.	se pone H.	M.	El Sol DIAS	sale H.	M.	se pone H.	M.
1	6	13	5	47	15	6	16	5	44
5	6	14	5	46	20	6	17	5	43
10	6	15	5	45	25	6	18	5	42

1 *Juev.* San Felipe y Santiago apostoles
2 *Viern.* San Atanasio ob y d. [eA]
3 *Sab.* La Invencion de la santa Cruz
4 DOM. Sta. Monica viuda [sA[
5 *Lun.* La conversion de san Agustin, y san Pio V. papa *Rogaciones* (eV)
6 *Mart.* San Juan ante portam latinam *Rogaciones*
7 *Mierc.* San Estanislao ob y m *Rogaciones*
8 *Juev.* *La Ascencion del Señor y la Aparicion de san Miguel arcanjel* (sV)

CONJUNCION á las 3h. 20m. de la tarde.

9 *Viern.* San Gregorio Nacianceno ob. y d. [eC]
10 *Sab.* San Antonino ob
11 DOM. Nuestra Sra. de los Desamparados y s. Mamerto ob.
12 *Lun.* Santo Domingo de la Calzada [sC]
13 *Mart.* San Pedro Regalado y S. Segundo ob y m
14 *Mierc.* San Bonifacio obispo y m.
15 *Juev.* San Isidoro labrador c
16 *Viern.* San Juan Nepomuceno m

CUARTO CRECIENTE á las 2h. 50m. de la mañana

17 *Sab.* San Pascual Baylon c. *Vijilia sin indulto. Visita de carceles* (eA)
18 DOM. *Pentecostes* San Venancio m
19 *Lun.* ✠✠San Pedro Celestino p [sA]
20 *Mart.* ✠San Bernardino de Sena (eV)
21 *Mierc.* San Valente ob y cc. mm *Temporas*
22 *Juev.* Santa Rita viuda

OPOSICION á las 5h. 56m. de la mañana

23 *Viern.* La aparicion de Santiago apostol *Temporas* (sV)
24 *Sab.* San Juan Francisco Rejis c. *Temporas* [eC]
25 DOM. La Sma. Trinidad, San Gregorio VII p. y sta. Maria Magdalena de Pazzis
26 *Lun.* San Felipe Neri
27 *Mart.* San Juan p. y m (sC)
28 *Mierc.* San Justo ob y san Jerman ob
29 *Juev.* *Corpus Christi* y San Maximo ob *Catedral*
30 *Viern.* San Fernando rey c

CUARTO MENGGANTE á las 3h. 48m. de la mañana

31 *Sab.* Sta. Petronila virjen

1834 JUNIO 30 dias, la Luna 29.

El Sol	sale		se pone		El Sol	sale		se pone	
DIAS	H.	M.	H.	M.	DIAS	H.	M.	H.	M.
1	6	19	5	41	15	6	21	5	39
5	6	20	5	40	20	6	21	5	39
10	6	21	5	39	25	6	21	5	39

1 DOM. San Segundo m
2 *Lun.* San Marcelino y san Pedro mm. (eA)
3 *Mart.* San Cecilio c y San Isaac m
4 *Mierc.* San Francisco Caracciolo (sA)
5 *Juev.* La octava de Corpus y san Bonifacio ob y m (eV)
6 *Viern.* El Smo. corazou de Jesus y san Norberto ob
7 *Sab.* San Roberto ob

CONJUNCION á las 4h. 50m. de la mañana. *Eclipse de sol invisible*

8 DOM. San Severino ob [sV]
9 *Lun.* SS. Primo y Feliciano mm [eC]
10 *Mart.* Santa Margarita Viuda
11 *Mierc.* San Bernabé apostol
12 *Juev.* San Juan Sahagun c (sC)
13 *Viern.* San Antonio de Padua
14 *Sab.* San Basilio ob. y d.

CUARTO CRECIENTE á las 8h. 6m. de la mañana.

15 DOM. San Vito y cc mm.
16 *Lun.* San Aureliano ob y santa Lutgarda V.
17 *Mart.* San Manuel y cc mm (eA)
18 *Mierc.* Ss. Marcos y Marceliano mm
19 *Juev.* Ss. Gervasio y Protasio mm. (sA)
20 *Viern.* San Silverio p y m (eV)
21 *Sab.* San Luis Gonzaga *Invierno.*

OPOSICION á las 3h. 12m. de la mañana. *Eclipse de luna visible.*

22 DOM. San Paulino ob.
23 *Lun.* San Juan m. *Vijilia* (sV)
24 *Mart.* ✠✠La Natividad de san Juan Bautista [eC]
25 *Mierc.* San Guillermo c.
26 *Juev.* Ss. Juan y Pablo mm.
27 *Viern.* San Zoylo y cc. mm. [sC]
28 *Sab.* San Leon p. *Vijilia sin indulto*

CUARTO MENGUANTE á las 8h. 45m. de la noche.

29 DOM. San Pedro y san Pablo apostoles
30 *Lun.* La conmemoracion de san Pablo apostol.

1834 JULIO 31 dias, la Luna 30.

El Sol	*sale*		*se pone*		*El Sol*	*sale*		*se pone*	
DIAS	H.	M.	H.	M.	DIAS	H.	M.	H.	M.
1	6	21	5	39	16	6	19	5	41
5	6	21	5	39	20	6	18	5	42
10	6	20	5	40	25	6	17	5	43

1 *Mart.* San Martin ob
2 *Mierc.* La Visitacion de Nuestra Señora (eA)
3 *Juev.* San Jacinto m
4 *Viern.* San Laureano Arzobispo y m (sA)
5 *Sab.* El B. Miguel de los santos c (eV)
6 DOM La octava de san Pedro y san Pablo y santa Lucia
CONJUNCION á las 4h. de la tarde.
7 *Lun.* San Fermin ob y m.
8 *Mart.* Santa Isabel reyna de Portugal [sV]
9 *Mierc.* La Sangre de N. S. J. C. y San Cirilo ob y m. [eC]
10 *Juev.* San Jenaro y sus hermanos mm.
11 *Viern.* San Pio P. y m
12 *Sab.* San Juan Gualberto ab. [sC]
13 DOM. San Anacleto p. y m
CUARTO CRECIENTE á las 12h. 1m. del dia.
14 *Lun.* San Buenaventura ob y d
15 *Mart.* San Camilo de Lelis f. y san Enrique c.
16 *Mierc.* El Triunfo de la santa Cruz y Ntra. Sra. del Carmen
17 *Juev.* San Alejo c (eA)
18 *Viern.* Santa Sinforosa y sus 7 hijos mm.
19 *Sab.* Santas Justa y Rufina vv y mm (sA)
20 DOM. Santa Liberata y Margarita vv y mm (eV)
OPOSICION á las 2h. 2m. de la tarde.
21 *Lun.* Santa Praxedes v
22 *Mart.* Santa Maria Magdalena
23 *Mierc.* San Apolinario ob y m [sV]
24 *Juev.* San Francisco Solano c y santa Cristina v y m *Vigilia* [eC]
25 *Viern.* Santiago Apostol y san Cristoval m
26 *Sab.* Santa Ana madre de Nuestra Señora
27 DOM. San Pantaleon m. (sC)
28 *Lun.* San Nazario y cc. mm. *Catedral*
CUARTO MENGUANTE á la 1h. 53m. de la tarde.
29 *Mart.* Santa Marta v. y santa Beatriz y cc. mm.
30 *Mierc.* SS. Abdon y Senen mm.
31 *Juev.* San Ignacio de Loyola f.

1834 AGOSTO 31 dias, la Luna 29.

El Sol	sale		se pone		El Sol	sale		se pone	
DIAS	H.	M.	H.	M.	DIAS	H.	M.	H.	M.
1	6	16	5	44	15	6	13	5	47
5	6	15	5	45	20	6	11	5	49
10	6	14	5	46	25	6	9	5	51

1 *Viern.* San Pedro ad Vincula
2 *Sab.* San Estevan p. y m. (eA)
3 DOM. La Invencion de San Estevan proto-martir
4 *Lun.* Sto. Domingo f. [sA]
5 *Mart.* Nuestra señora de las Nieves. (eV)
CONJUNCION á la 1h. 21m. de la mañana
6 *Mierc.* La Transfiguracion del Señor y s Sixto y cc mm *Cated.*
7 *Juev.* San Cayetano f. y san Donato ob y m
8 *Viern.* San Ciriaco y cc. mm. (sV)
9 *Sab.* Ss. Justo y Pastor mm *Vijilia* [eC]
10 DOM. San Lorenzo m
11 *Lun.* San Tiburcio y santa Susana mm
CUARTO CRECIENTE á las 4h. 59m. de la tarde
12 *Mart.* Sta. Clara v. [sC]
13 *Mierc.* Ss. Hipólito y Casiano mm
14 *Juev.* San Eusebio c. *Vijilia sin indulto*
15 *Viern.* *La Asuncion de Nuestra Señora* *Catedral*
16 *Sab.* Ss. Roque y Jacinto cc.
17 DOM. San Joaquin padre de nuestra señora, s. Pablo y sta. Juliana mm. (eA)
18 *Lun.* San Agapito m y santa Elena
19 *Mart.* San Luis ob. [sA]
OPOSICION a las 2h. 58m. de la mañana
20 *Mierc.* San Bernardo ab [eV]
21 *Juev.* Sta. Juana Fremiot viuda
22 *Viern.* San Timoteo y cc. mm.
23 *Sab.* San Felipe Benicio c *Vijilia* (sV)
24 DOM. San Bartolomé apostol (eC]
25 *Lun.* San Luis c.
26 *Mart.* San Ceferino p. m.
27 *Mierc.* La Transverberacion de sta. Teresa y s. José de Calasanz [sC]
CUARTO MENGUANTE á las 6h. 36m. de la mañana.
28 *Juev.* San Agustin ob y d.
29 *Viern.* La Degollacion de san Juan Bautista
30 *Sab.* *Santa Rosa v. patrona de Lima* *Catedral*
31 DOM. San Ramon Nonato c

1834 SETIEMBRE 30 dias, la Luna 30

El Sol	sale		se pone		El Sol	sale		se pone	
DIAS	H.	M.	H.	M.	DIAS	H.	M.	H.	M.
1	6	7	5	53	15	6	3	5	57
5	6	6	5	54	20	6	1	5	59
10	6	5	5	55	25	5	59	6	1

1 *Lun.* San Jil abad y los 12 hermanos mm.
2 *Mart.* San Antonino m. y san Estevan rey c. (eA)
3 *Mierc* Santa Eujenia y cc. mm.
CONJUNCION á las 9h. 43m. de la mañana.
4 *Juev.* Santa Rosa de Viterbo y sta. Rosalia vv. (sA)
5 *Viern* La Comemoracion de san Julian ob. y san Lorenzo Justiniano ob. (eV)
6 *Sab.* San Eujenio cc. mm.
7 DOM. Santa Rejina v. y m.
8 *Lun.* *La Natividad de Nuestra Señora.* [sV]
9 *Mart.* San Gregorio m. [eC]
10 *Mierc* San Nicolas de Tolentino.
CUARTO CRECIENTE á la 1h. menos 40m. de la mañana.
11 *Juev.* Santos Proto y Jacinto mm.
12 *Viern* San Valeriano y cc. mm. (sC)
13 *Sab.* San Felipe m.
14 DOM El Dulcisimo nombre de Maria y la Exaltacion de (la Santa Cruz.
15 *Lun.* San Nicomedes m.
16 *Mart* Santos Cornelio y Cipriano pp. y mm.
17 *Mierc* Las Llagas de san Francisco y san Pedro Arbues m. *Temporas.* (eA)
OPOSICION á las 6h 15m. de la tarde.
18 *Juev.* Santo Tomas de Villanueva arzob.
19 *Viern* San Jenaro y cc. mm. *Temporas.* [sA]
20 *Sab.* San Eustaquio y cc. mm. *Vijilia. Temporas.* (eV)
21 DOM San Mateo apostol.
22 *Lun.* San Mauricio y cc. mm.
23 *Mart.* San Lino p. y m. *Primavera.* [sV]
24 *Mierc* Nuestra Señora de las Mercedes. *Asistencia á la Iglesia de las Mercedes.* (eC)
25 *Juev.* Santa Cerbellon v. y san Lope ob.
CUARTO MENGUANTE á las 10h. 6m. de la noche.
26 *Viern* San Cipriano y santa Justina mm.
27 *Sab* Santos Cosme y Damian mm. (sC)
28 DOM El B. Simon de Rojas y san Wenceslao m.
29 *Lun.* La Dedicacion de san Miguel Arcangel.
30 *Mart.* San Jeronimo, d. y f.

1834 OCTUBRE 31 dias, la Luna 29.

El Sol	*sale*		*se pone*		*El Sol*	*sale*		*se pone*	
DIAS	H.	M.	H.	M.	DIAS	H.	M.	H.	M.
1	5	57	6	3	15	5	53	6	7
5	5	55	6	5	20	5	51	6	9
10	5	54	6	6	25	5	49	6	11

1 *Mierc.* San Remijio ob
2 *Juev.* Los Santos Anjeles custodios [eA]
CONJUNCION á las 6h. 4m. de la tarde
3 *Viern.* San Jerardo ab
4 *Sab.* San Francisco de Asis [sA]
5 DOM. Nuestra señora del Rosario, San Froylas ob. y san Placido y cc. mm. (eV)
6 *Lun.* San Bruno f.
7 *Mart.* San Marcos p. y san Serjio m.
8 *Mierc.* Sta. Brijida v [sV]
9 *Juev.* San Dionisio y cc. mm. [eC]
CUARTO CRECIENTE á las 11h. 24m. de la mañana
10 *Viern.* San Francisco de Borja y s. Luis Beltran c.
11 *Sab.* San Nicasio ob y m
12 DOM. Nuestra señora del Pilar de Zaragoza [sC]
13 *Lun.* San Eduardo c
14 *Mart.* San Calixto p. y m
15 *Mierc.* Santa Teresa de Jesus v
16 *Juev.* San Florencio ob
17 *Vier.* Sta Eduvijis viuda (eA)
OPOSICION á las 11h. 33m. de la mañana
18 *Sab.* San Lucas evanjelista
19 DOM. La Dedicacion de la sta. Iglesia metropolitana de Lima y san Pedro Alcantara [sA]
20 *Lun.* San Juan Cancio [eV]
21 *Mart.* Sta. Ursula y cc. mm. y san Hilarion ab.
22 *Mierc.* Sta. Maria Salomé viuda
23 *Juev.* San Pedro Pascual ob. y m. (sV)
24 *Viern.* San Rafael arcanjel *Pasa el sol nuestro senit hacia el sur* (eC)
25 *Sab.* San Gavino y cc. mm. y san Fruto c.
CUARTO MENGUANTE á las 11h. 35m. de la mañana.
26 DOM. San Evaristo p. y m.
27 *Lun.* San Vicente y cc. mm *Vijilia* (sC)
28 *Mart* San Simon y san Judas apostoles
29 *Mierc.* San Narciso ob. y m
30 *Juev.* San Claudio y cc. mm
31 *Viern.* San Quintin m. *Vijilia*

1834 NOVIEMBRE 30 dias, la Luna 30

El Sol	sale		se pone		El Sol	sale		se pone	
DIAS	H.	M.	H.	M.	DIAS	H.	M.	H.	M.
1	5	47	6	13	15	5	43	6	17
5	5	46	6	14	20	5	42	6	18
10	5	45	6	15	25	5	41	6	14

1 *Sab.* *Todos Santos*

CONJUNCION á la 3h. 15m. de la mañana

2 DOM. Santa Eustoquia v. (eA)

3 *Lun.* La Comemoracion de los fieles difuntos

4 *Mart.* San Carlos Borromeo [sA]

5 *Mierc.* San Zacarias profeta y sta. Isabel PP. de san Juan Bautista. (eV)

6 *Juev.* San Leonardo c.

7 *Viern.* San Florencio ob.

8 *Sab.* San Severino y cc. mm. (sV)

CUARTO CRECIENTE á las 1h. 37m de la mañana

9 DOM. El Patrocinio de Nuestra Señora, la Dedicacion de la basilica del Salvador y san Teodoro m. [eC]

10 *Lun.* San Andres Avelino c.

11 *Mart.* San Martin ob

12 *Mierc.* San Martin p. y m. [sC]

13 *Juev.* San Diego de Alcala

14 *Viern.* San Serapio m.

15 *Sab.* San Eujenio ob y m.

16 DOM. Santa Jertrudis v.

OPOSICION a las 8h. 54m. de la mañana

17 *Lun.* Ss. Asisclo y Victoria mm (eA)

18 *Mart.* La Dedicacion de la basilica de s. Pedro y s. Maximo ob.

19 *Mierc.* Sta. Isabel reyna de Hungria, viuda [sA]

20 *Juev.* San Felix de Valois fund. [eV]

21 *Viern.* La Presentacion de Nuestra Señora.

22 *Sab.* Santa Cecilia v. y m

23 DOM. San Clemente p. y m (sV)

CUARTO MENGUANTE á las 10h. 41m. de la noche

24 *Lun.* San Juan de la Cruz c. (eC)

25 *Mart.* Santa Catalina v. y m. [jandrido ob. y m.

26 *Mierc.* El Desposorio de Nuestra Señora y san Pedro Ale-

27 *Juev.* Ss. Facundo y Primitivo mm. y Nuestra Señora del Milagro

28 *Viern.* San Gregorio p. [sC]

29 *Sab.* San Saturnino m. *Vijilia Se cierran las velaciones*

30 DOM. 1.° *de Adviento* San Andres apostol [sible.

CONJUNCION á la 1h. 50m. de la tarde *Eclipse de sol invi-*

1834 DICIEMBRE 31 días, la Luna 29

El Sol DIAS	*sale* H.	M.	*se pone* H.	M.	*El Sol* DIAS	*sale* H.	M.	*se pone* H.	M.
1	5	40	6	20	15	5	39	6	21
5	5	39	6	21	20	5	39	6	21
10	5	39	6	21	25	5	39	6	21

1 *Lun.* Ss. Lucio y Casiano mm.
2 *Mart.* Sta. Bibiana v y m [eA]
3 *Mierc.* San Francisco Javier
4 *Juev.* Santa Barbara v y m [sA]
5 *Viern.* San Pedro Crisologo ob. y d. y san Sabas ab (eV)
6 *Sab.* San Nicolas de Bari ob.
7 DOM. San Ambrosio ob y d.
CUARTO CRECIENTE á las 7h. 42m. de la noche
8 *Lun.* *La Inmaculada Concepcion de Ntra. Sra. Cated.* [sV]
9 *Mart.* Santa Leocadia v. y m. *Catedral* [eC]
10 *Mierc.* Nuestra Señora de Loreto y San Melchiades p. y m.
11 *Juev.* San Damaso ob
12 *Viern.* Sta. Olalla v. y m. y s. Donato y cc. mm [sC]
13 *Sab.* Sta. Lucia v. y m
14 DOM. San Nicasio ob. y m
15 *Lun.* San Eusebio ob y m. [*visible.*
OPOSICION á las 11h. 50m. de la noche *Eclipse de Luna*
16 *Mart.* San Valentin y cc mm
17 *Mierc.* Sau Lazaro ob *Temporas* (eA)
18 *Juev.* La Expectacion de Nuestra Señora
19 *Viern.* San Nemesio m *Temporas* [sA]
20 *Sab.* Santo Domingo de Silos *Vijilia* *Temporas* [eV]
21 DOM. Sto. Tomas apostol
22 *Lun.* San Demetrio m *Estio*
23 *Mart.* El B. Nicolas Factor y santa Victoria v y m. (sV)
CUARTO MENGUANTE á las 7h. 42m. de la mañana
24 *Mierc.* San Gregorio m. *Vijilia sin indulto. Visita de carceles.* (eC)
25 *Juev.* *La Natividad de N. S. J. C.*
26 *Viern.* ✝ San Estevan protomartir *Catedral*
27 *Sab.* ✝ San Juan apostol y evanjelista (sC)
28 DOM. Los Santos Inocentes mm
29 *Lun.* Santo Tomas ob y m
30 *Mart.* La Traslacion de Santiago apostol y s. Sabino ob y m
CONJUNCION á las 2h. 1m. de la mañana
31 *Mierc.* San Silvestre p.

GUIA

DE

FORASTEROS,

PARA EL AÑO DE

1834.

REPUBLICA PERUANA

ESTADO POLITICO

CONVENCION NACIONAL

Convocada por el artículo 177 de la constitucion, y ley de 13 de diciembre de 1832.

Se instaló el dia 12 de setiembre de 1833.

DEPARTAMENTO DE AMAZONA.

Provincias.	
Chachapoyas	Sr. D. José Modesto Vega
	Sr. D. José Braulio del Camporedondo
Maynas	Sr. D.
Pataz	Sr. D.
Suplentes.	Sr. D. Juan Isidoro Aguilar
	Sr. D. Juan Isidoro Aguilar
	Sr. D.

Provincias	DE AREQUIPA
Arequipa	Sr. D. Francisco Javier Luna Pizarro
	Sr. D. Francisco de Paula Vijil
	Sr. D. José Luis Gomez Sanchez
Arica	Sr. D. Francisco de Paula Vijil
	Sr. D. José Vicente Benavides
Caylloma	Sr. D. Mariano José Arenazas
Camaná	Sr. D. Nicolas Factor Guzman
Condesuyos	Sr. D. Anselmo Quiros
	Sr. D. Pedro Antonio la Torre
Moquegua	Sr. D. Manuel Hurtado y Zapata
	Sr. D. Miguel Tudela
Tarapacá	Sr. D. Ildefonso Zabala
Suplentes.	Sr. D. Mariano José Ureta *
	Sr. D. Jose Maria Coronel Cegarra
	Sr. D. Mariano Rivero
	Sr. D. Nicolas Pierola
	Sr. D. José Manuel Fernandez Luque *
	Sr. D. José Gavino Fernandez Dávila
	Sr. D. Mariano Gonzalez Cosio

Provincias	DE AYACUCHO
Andahuaylas	Sr. D.
Cangallo	Sr. D. Mariano Gutierrez
Castro-vireyna	Sr. D. Pedro José Florez
Huamanga	Sr. D. Juan Ignacio Garcia
	Sr. D. Alejo Orderis
Huancavelica	Sr. D. Gabriel Delgado
	Sr. D. Narciso Limaylla
Huanta	Sr. D.
Lucanas	Sr. D. Pedro José Bendezú
Parinacochas	Sr. D. José Maria Montaño
Tayacaja	Sr. D.
Suplentes	Sr. D. Juan Valdivia
	Sr. D. Anjel Pacheco
	Sr. D. Mariano Cabero
	Sr. D. José Maria Mujica
	Sr. D. Narciso Tudela.
	Sr. D. Alonso Cardenas
	Tres vacantes

Provincias	DEL CUZCO.
Abancay	Sr. D. Pedro Ignacio Morales
	Sr. D. Rafael Ramirez de Arellano
Aymaraes	Sr. D.
	Sr. D.
Calca	Sr. D. Manuel Domingo Vargas
Chumbivilcas	Sr. D.
	Sr. D.
Cotabambas	Sr. D. Juan Bautista Bujanda
Cuzco	Sr. D.
	Sr. D.
	Sr. D.
Paruro	Sr. D. Gregorio Guillen
	Sr. D. Gregorio Espinoza
Paucartambo	Sr. D. Francisco Loayza
Quispicanchi	Sr. D. Domingo Farfan
	Sr. D. José Mariano Luna
Tinta	Sr. D. Eugenio Mendoza
	Sr. D. Lorenzo Ortiz
	Sr. D. Pedro Celestino Florez
Urubamba	Sr. D. Juan Minauro
Suplentes	Sr. D. Juan Cevallos
	Sr. D. Felipe Torres
	Sr. D. Mariano Llerena

	Sr. D. Manuel Saldivar
	Sr. D Juan Manuel Mar
	Sr. D. Pedro Astete
	Sr. D. José Manuel Andia
	Sr. D. Mariano Rozas
	Tres vacantes
Provincias	DE JUNIN.
Cajatambo	Sr. D. Ramon Alipazaga
Conchucos bajo	Sr. D. Francisco Espinoza
Huaylas	Sr. D. Manuel Villaran
	Sr. D. Juan Bautista Mejia
	Sr. D. José Antonio Terri
Huamalies	Sr. D. Pedro Izasi
Huanuco	Sr. D. Manuel Antonio Valdizan
Huari	Sr. D.
Jauja	Sr. D. Miguel Ugarte
	Sr. D. Pedro Joaquin Granados
	Sr. D. Pedro Iriarte
	Sr. D. José Casimiro Torres
Pasco	Sr. D. José Lago y Lemus
	Sr. D. Anacleto Benavides
	Sr. D. Manuel Guttierrez Parra
Suplentes	Sr. D. Mariano Rosario Cordova
	Sr. D. Marcelo Dominguez
	Sr. D. Melchor Ramos
	Sr. D. Manuel Echegoyen
	Sr. D. José Fuente Chaves
	Sr. D. Hilario Lira
	Sr. D. Manuel Bermudez
	Sr. D. José Maria Rocha
	Sr. D.
Provincias	DE LA LIBERTAD
Cajamarca	Sr. D. Manuel Saravia
	Sr. D. Josè Mariano Cavada
	Sr. D. José Santiago Goycochea
Chota	Sr. D. Tomas Dieguez
	Sr. D. Francisco Solano Fernandez
Huamachuco	Sr. D. José Maria Arriaga
	Sr. D. Luis José Orbegoso
	Sr. D. Agustin Linch
Jaen	Sr. D. Francisco Solano Fernandez
Lambayeque	Sr. D. Manuel Ignacio Garcia

	Sr. D. José Rivadeneyra
	Sr. D. Mariano Pastor
Piura	Sr. D. Manuel Cortes
	Sr. D. Santiago Tabara
	Sr. D. Gaspar Carrasco
	Sr. D. Mauricio Vargas Machuca
Trujillo	Sr. D. José Ignacio Madalengoytia
Suplentes	Sr. D. Felipe Reboredo
	Sr. D. Manuel Bringas
	Sr. D. José Correa Alcantara
	Sr. D. José Patricio Iparraguirre *
	Sr. D. Vicente Otiniano
	Sr. D. José Mateo Jimenez *
	Sr. D. Pedro José Muñecas
	Sr. D. José Domingo Castañeda
	Sr. D. Francisco Vargas Machuca *
	Sr. D. Jose Maria Ramos
	Sr. D. José Domingo Casanova
Provincias	DE LIMA
Canta	Sr. D.
Cañete	Sr. D.
Chancay y Santa	Sr. D.
Huarochirí	Sr. D.
Ica	Sr. D.
	Sr. D.
Lima	Sr. D. Francisco Rodriguez Piedra,
	Sr. D. Juan Gualberto Hevia
	Sr. D. José Freyre
	Sr. D. José de la Riva-Aguero
	Sr. D. Manuel Telleria
Yauyos	Sr. D. Nicolas Piedra
Suplentes	Sr. D. Francisco Vidal *
	Sr. D. José Felix Jaramillo *
	Sr. D. Manuel Ignacio Vivanco
	Cuatro vacantes.
Provincias	DE PUNO.
Azangaro	Sr. D. Mariano Riquelme
	Sr. D. Rufino Macedo
	Sr. D. Juan Norberto Santos
Carabaya	Sr. D. Mariano Eusebio Feyjoo
	Sr. D. Francisco Urrutia
Chucuito	Sr. D. Valentin Ledesma

Chucuito	Sr. D. Bernardo Casapia
	Sr. D. José Mariano Escobedo
Lampa	Sr. D. Rufino Macedo
	Sr. D. Fernando Tovar
	Sr. D. Juan Cazorla
Puno	Sr. D. Miguel San Roman
	Sr. D. Benito Lazo
	Sr. D. Manuel Ruperto Esteves
Suplentes	Sr. D. Manuel Caracholi
	Sr. D. Luis Sosa
	Sr. D. Juan Frisancho
	Sr. D. Antolin Guerrero
	Sr. D. José Andres Miranda
	Una vacante

Notas 1a. Cada mes se elije presidente, vice presidente, y un secretario de los dos que desempeñan este cargo.

2a. Los SS. Vijil, Fernandez (D. Francisco Solano) y Macedo, que han sido electos por dos provincias, se hallan representando el 1. ° la de Arica, el 2. ° la de Chota, y el 3. ° la de Lampa

3a. Los diputados suplentes que tienen esta señal * reemplazan los lugares de los propietarios

4a. Se hallan pendientes las elecciones de las provincias, que estan en blanco; advirtiéndose que falleció el suplente de la de Conchucos D. José Irigoyen y Centeno.

SECRETARIA DE LA CONVENCION NACIONAL

Se sirve por los empleados de la secretaria de la cámara de diputados.

CONGRESO

compuesto de dos camáras.

Está en receso durante la Convencion por la ley de 13. de diciembre de1832

CAMARA DE SENADORES

Departamentos	
Arequipa	Sr. D. Francisco Javier Luna Pizarro
	Sr. D. Evaristo Gomez Sanchez
	Sr. D. José Maria Corvacho
Suplentes	Sr. D. Manuel Gandarillas
	Sr. D. Manuel Asencio Cuadros
Ayacucho	Sr. D. Luciano Maria Cano
	Sr. D. Anjel Pacheco

	Sr. D.	Pedro José Palomino
Suplentes	Sr. D.	
	Sr. D.	
Cuzco	Sr. D.	Domingo Luis Astete
	Sr. D.	Ignacio Morales
	Sr. D.	Mariano Noriega
Suplentes	Sr. D.	
	Sr. D.	
Junin	Sr. D.	Gregorio Mata *Secretario*
	Sr. D.	Manuel Antonio Valdizan
	Sr. D.	Toribio Oyarzabal
Suplentes	Sr. D.	Manuel Fuente Ijurra
	Sr. D.	
Libertad	Sr. D.	José Braulio del Camporedondo *Vice-presidente*
	Sr. D.	Tomas Dieguez
	Sr. D.	
Suplentes	Sr. D.	Diego Zabala
	Sr. D.	Ramon Navarrete
Lima	Sr. D.	Manuel Telleria *Presidente*
	Sr. D.	José Freyre
	Sr. D	Lorenzo Bazo
Suplentes	Sr. D.	Juan Salazar
	Sr. D.	Andres Riquero
Puno	Sr. D.	Manuel Eusebio Bermejo
	Sr. D.	José Melchor Ortiz
	Sr. D.	José Domingo Choquehuanca *Secretario suplente*
Suplentes	Sr. D.	Diego Felipe Aliaga
	Sr. D.	Prudencio Barrionuevo

SECRETARIA DE LA CAMARA

Oficial mayor, y redactor de las sesiones de la camara
D. Manuel Jorje Teran

Oficial 1. D. Manuel Leon y Valdivieso
1. 2. D. José Antonio de la Riva
2. D. Santiago Alcocer
3 D. José Cegarra

Archivero D. José Maria Figuerola

Oficial de partes D. Gaspar Angulo

Amanuenses D. Domingo Solis D. José Acevedo
D. Victoriano Antayo D. Manuel Cañas
D. Lucas Alcocer

Ayudantes Sr. Coronel de ejercito D. Mariano Garate.

Taquigrafos D. Ramon Maria Bravo D. Antonio Carrera
Conserje D. Guillermo Jeraldino
Portero D. Lorenzo Herrera
Celadores D. Eujenio Zumaeta D. Rafael Corona
Dos sirvientes

CAMARA DE DIPUTADOS

DEPARTAMENTO DE AREQUIPA

Provincias	
Arequipa	Sr. D. Mariano Blas de la Fuente
	Sr. D. Andres Martinez
Arica	Sr. D. Francisco de Paula Gonzalez Vijil *Vice-presidente*
Caylloma	Sr. D.
Camaná	Sr. D. Juan Bautista Navarrete
Condesuyos	Sr. D.
Moquegua	Sr. D. Manuel Hurtado Zapata
Tarapacá	Sr. D. Ildefonso Zabala
Suplentes.	Sr. D. Manuel Gandarillas
	Sr. D. Mariano Riveró *
	Sr. D. Pedro José Izasi
	Sr. D. Mariano Ureta *
	Tres vacantes

Provincias	DE AYACUCHO
Andahuaylas	Sr. D.
Cangallo	Sr. D.
Castrovireyna	Sr. D.
Huamanga	Sr. D. José Oré
Huancavelica	Sr. D. Miguel Rios
Huanta	Sr. D. Pedro José Florez
Lucanas	Sr. D.
Parinacochas	Sr. D. Francisco Velarde
Tayacaja	Sr. D. Alejo Orderis
Suplentes	Sr. D. José Oré
	Sr. D. José Antonio Lopez Bellido *
	Sr. D. Marcos Pantoja
	Sr. D. Toribio Alarco
	Cinco vacantes

Provincias	DEL CUZCO
Abancay	Sr. D. Mariano Santos
Aymaraes	Sr. D. Isidro Segovia
Calca	Sr. D. Juan de Dios Lopez Unzueta
Chumbivilcas	Sr. D. Juan Luis Oblitas
Cotabambas	Sr. D. Marcelino Castillo

Cuzco	Sr. D. Miguel Aranibar
	Sr. D.
Paruro	Sr. D. Josè Feyjoo
Paucartambo	Sr. D. Juan Manuel Mar
Quispicanchi	Sr. D. Bernardino Alvarez
Tinta	Sr. D. Francisco Alvarez
Urubamba	Sr. D. Martin Concha
Suplentes	Sr. D. Josè Quintana
	Sr. D. Vicente Leon
	Sr. D. Manuel Vargas
	Sr. D. Carlos Gallegos
	Sr. D. Marcos Farfan
	Sr. D. Juan Caballero *
	Cinco vacantes
Provincias	DE JUNIN
Cajatambo	Sr. D. Manuel Olave
Conchucos bajo	Sr. D. Carlos Julian Aguero
Huaylas	Sr. D. Matias Pastor
	Sr. D.
Huamalies	Sr. D. Francisco Solano Pezet
Huánuco	Sr. D.
Huari	Sr. D. Gregorio Cartajena
Jauja	Sr. D. Josè Ugarte
	Sr. D. Hilario Lira
	Sr. D. Josè Antonio Gonzalez
Pasco	Sr. D. Antonio Velazquez
	Sr. D. Pedro Bermudez
Suplentes	Sr. D. Fermin Tamara
	Sr. D. Juan Echevarria *
	Siete vacantes
Provincias	DE LA LIBERTAD
Cajamarca	Sr. D. Jose Isidro Bonifaz
	Sr. D. Josè Santiago Goycochea, *Secretaria*
Chachapoyas	Sr. D.
Chota	Sr. D. Josè Maria Monzon
Huamachuco	Sr. D. Josè Patricio Iparraguirre
	Sr. D. Gaspar Calderon
Jaen	Sr. D. Josè Leon Olano
Lambayeque	Sr. D. Justo Figuerola
	Sr. D. Manuel Urquijo
Maynas	Sr. D.
Patas	Sr. D. Josè Delfin
Piura	Sr. D. Manuel Dieguez

	Sr. D.
	Sr. D.
Trujillo	Sr. D. Juan Alejo Palacios
Suplentes	Sr. D. José Mauricio Cedillo
	Sr. D. José Modesto Vega *
	Sr. D. José Torrel
	Sr. D. Bernardo Cereceda
	Sr. D. Manuel Ignacio Garcia
	Sr. D. Pablo Reyna *
	Sr. D. José Antonio Henriquez
	Sr. D. Francisco Garcia *
	Sr. D. Carlos Caceres
	Dos vacantes
Provincias	DE LIMA
Canta	Sr. D. Manuel Garate
Cañete	Sr. D. José Manuel Jacobo Molina
Chancay y Santa	Sr. D. Lucas Pellicer
Huarochirí	Sr. D. Estevan Salmon
Ica	Sr. D. Isidro Caravedo
Lima	Sr. D. Blas José Alzamora
	Sr. D. José María Pando, *Presidente*
	Sr. D. Juan Gualberto Hevia
Yauyos	Sr. D. Manuel Sebastian Garcia
Suplentes	Sr. D. Francisco Banda
	Sr. D. Faustino Huapaya
	Sr. D. Juan Pablo Fernandini
	Sr. D. José Manuel Valdes
	Sr. D. Agustin Charun
	Sr. D. José Marcos Farfan
	Dos vacantes
Provincias	DE PUNO
Azangaro	Sr. D. Ramon Dianderas
	Sr. D. Manuel Choquehuanca
Carabaya	Sr. D. Bonifacio Deza
Chucuito	Sr. D. José Antonio Alcocer
	Sr. D. Pedro Miguel Urbina
Lampa	Sr. D. D. Manuel Mariano Basagoytia, *Secretario suplente*
	Sr. D. Andres Fernandez
Puno	Sr. D. Valentin Ledesma
Suplentes	Sr. D. Anjel Piedra
	Sr. D. Gregorio Prieto

Sr. D. Pedro Cegarra
Dos vacantes

Nota. Los suplentes que tienen esta señal * reemplazan á los propietarios.

SECRETARIA DE LA CAMARA.

Oficial mayor D. D. José Martin Garro
1 D José Francisco Peña
2 D. Ignacio Telleria
3 1 D. Mariano Tordoya
3 2. D. Manuel Alvarez
Archivero D. José María Telleria
Oficial de partes D. Julian Navas
Amanuenses D. Pedro José Bravo D. Juan Buendia
D. Juan Perez D. Juan Guerci
D. Juan Ramon Casanova D. José Goycochea
Taquigrafos D. José Maria Ortega D. Manuel Mena

Policia interior

Ayudante Sarjento mayor graduado de teniente coronel de caballeria, y benemérito de la patria por el sitio del Callao D. Mariano Vivero
Conserje y portero mayor D. José Castro
Portero de la secretaria D. Miguel Campines
Celadores D. Manuel Monterey D. Estevan Vargas
Dos sirvientes

CONSEJO DE ESTADO

Formado con arreglo á los articulos 92 y 93. de la constitucion. Se instaló en 24 de diciembre de 1832.

Presidente El Vice-presidente de la República.
Sr. D. Manuel Telleria, Presidente del Senado.
Sr. D. José Braulio del Camporredondo, Vice-presidente del Senado
Sr. D. Tomas Dieguez
Sr. D. Evaristo Gomez Sanchez
Sr. D. Luciano Maria Cano
S. D. José Maria Corvacho *Secretario*
Sr. D. Manuel Antonio Valdizan *Secretario suplente*
Sr. D. Mariano Noriega
S-. D. José Freyre
Sr. D. Pedro José Palomino

SECRETARIA DE LA CAMARA.

Se sirve por los empleados de la secretaria de la càmara de senadores

SUPREMO GOBIERNO

EXCMO. SEÑOR D. LUIS JOSÉ ORBEGOSO

PRESIDENTE PROVISIONAL DE LA REPUBLICA.

Nombrado por la Convencion Nacional en 20 de Diciembre de 1833.

Edecanes del Supremo Gobierno.

Benemérito Sr. Coronel de infanteria de ejército D. José Maria Lastres

Tenientes coroneles de caballeria de id. D. Joaquin Aranzabal

D. Valerio Arrismeño

D. Mateo Arrospide

Sarjento mayor de infanteria de id. D. Pedro Vidaurre

Capellanes.

D. D. Ambrosio Cevallos, benemérito de la patria en grado heroico por la batalla de Ayacucho

D. D. José Francisco Navarrete

MINISTERIO DE ESTADO DEL DESPACHO

DE GOBIERNO Y RELACIONES EXTERIORES

Ministro Sr D.

Oficial mayor encargado del despacho Sr. D. Manuel del Rio

1 D. José Dávila Condemarin

2 D. Melchor Velarde

3 D. Francisco Lacomba

4 D Francisco Gorrichategui

5 D. Francisco Iturrizaga

6 D. José Antonio Cavieses

Archivero D. Luis de la Torre

Intérprete D. Francisco Nixon

Oficial de partes D. Manuel Herrera

Porteros Fermin Pedraza, Julian Pintó

Dos conductores de pliegos montados y dos de á pié.

MINISTERIO DE ESTADO DEL DESPACHO

DE GUERRA Y MARINA.

Ministro Benemérito Sr. Jenera de brigada D. Pedro Bermudez

Oficial mayor Sr. Coronel de infanteria D. José Mercedes Castañeda

1 Teniente coronel graduado D. José Montes
2 Sarjento mayor graduado D. Juan Sauri
3 Id. D. Miguel Bruno Bayeto
4 Capitan de infanteria D. José Vicente Oyague
5 Teniente de id. D. Agustin Talavera
Otro id. D. Manuel Bous
6 Subteniente D. Juan Alvarez

Encargado de la mesa de marina. Teniente 1.° de la armada D. Luis Larriva

Archivero Sarjento mayor graduado D. José Uribe
Oficial de partes D.
Portero Rafael Lopez
Dos conductores montados, y uno de á pié

MINISTERIO DE ESTADO DEL DESPACHO

DE HACIENDA.

Ministro Sr. D.
Oficial mayor encargado del despacho Sr. D. José de Mendiburu

Jefe de secciones jubilado D. D. Pedro Antonio de la Torre
Id. D. Manuel Eslaba
Oficial 1. D. Manuel Ureta
2. D. José Fabio Melgar
3. D. Eduardo Salas
4. D. José Lastra
5. D. Francisco Javier Oyague
6. D. Cipriano Cegarra

Archivero D. Manuel Puertas
Id. jubilado D. José Noriega
Oficial de partes D. Juan Manuel Ibarra
Amanuense del archivo y mesa de partes D. Manuel Maria Falcon

Portero D. Ramon Ramirez
Un conductor montado, y dos de apie.

MINISTROS PLENIPOTENCIARIOS

CERCA DE OTROS GOBIERNOS.

Sr. D. D. Pedro Antonio de la Torre, cerca de la república de Bolivia.

MINISTROS PLENIPOTENCIARIOS

AJENTES Y CONSULES DE OTROS GOBIERNOS CERCA DEL PERU.

Sr. D. Juan de Dios Cañedo, ministro plenipotenciario de los Estados Unidos Mejicanos

Sr. D. Samuel Larned, encargado de negocios de los Estados Unidos del Norte

Sr. D. Bernardo Maria Barrere, encargado de negocios y consul jeneral de S. M. el rey de los franceses

Sr. D. José del Carmen Triunfo, encargado de negocios y consul general del estado de la Nueva Granada.

Sr. D. Manuel de la Cruz Mendez, encargado de negocios y consul jeneral de la república de Bolivia

Sr. D. Antonio Elizalde, encargado de negocios del estado del Ecuador.

Sr. D. José Riglos de la Sala, consul jeneral de la república Arjentina

Sr. D. Belford Hinton Wilson, consul jeneral de S. M. Británica.

Sr. D. Asa Worthington, consul de los Estados Unidos.

Sr. D. Udny Passmore, consul de S. M. Británica en Arequipa.

Sr. D Guillermo Fleming Taylor, consul de los Estados Unidos en Arica é Islay.

Sr. D. Samuel B. Harrison, vice consul de los Estados Unidos en Trujillo

Sr. D. Antonio Sousa Ferreyra, vice-consul del Brasil.

Sr. D. H. Cazotte, vice-consul de S. M. el rey de los franceses.

Sr. D. Jorje Timoteo Sealy, vice-consul de S. M. Británica en Lima y puerto del Callao.

Sr. D. Pedro Guerra, vice-consul de Bolivia, con residencia en Puno.

EXCMA. CORTE SUPREMA DE JUSTICIA.

Presidente Sr Dr. D. Manuel Lorenzo Vidaurre, miembro de la sociedad de agricultura de Massachusetts, y de la historia americana antiquaria de los E. U., del ateneo de Paris, y de otras sociedades científicas. *Vocal del departamento de Lima.*

Vocales Sr. Dr. D. Mariano Alejo Alvarez, *por el de Ayacucho.*

Sr. D. D. Nicolas Aranibar, *por el de Arequipa.*

Sr. D. D. Justo Figuerola, *por el de la Libertad.*

Sr. D. D. Santiago Corbalan, *por el de Puno.*

Sr. D. D. Evaristo Gomez Sanchez, en el consejo de estado, *por el de Junin.*

Sr. D. D. José Cabero, *por el del Cuzco.*

Interino Sr. D. D. Gregorio Luna Villanueva.

Fiscal Sr. D. D. Manuel Perez Tudela.

Vocales jubilados Sr. D. D. Agustin Quijano Velarde.

Sr. D. D. Tomas Ignacio Palomeque

Relator D. D. Mariano Lloza Benavides

Id. sostituto D. D. Tomas Davila

SECRETARIA.

Secretario D. D. Juan Crisóstomo Rondon

Oficial mayor D. José Sebastian Cardenas

Id. 2.° y escribano de diligencias del tribunal D. Mariano Rodriguez Hurtado

Plumario D. José Inocente Bravo

Id. de la fiscalia D. Juan Olivero

D. José Cebrian

Porteros D. Nicolas Navarro, comisionado de la corte

D. Miguel Carrera

Procuradores D. Cosme Navarro D. J. Domingo Castro

D. Francisco Sayan D. Juan Guarda

Dos almotacenes, dos asistentes, dos sirvientes del tribunal y uno de la fiscalia.

ESTABLECIMIENTOS JENERALES DE LA HACIENDA NACIONAL

CONTADURIA JENERAL DE VALORES

Contador mayor Sr. D. D. José Gregorio Paredes

Contadores de 1a. clase D. José Mariano Arriz

D. Julian Sarmiento

D. José Antonio Riquero

D. Manuel del Rio, en el ministerio de gobierno
Id. de 2a. D. D. Manuel Urquijo, en la contaduria de diezmos
D. José Maria Dueñas, suspenso
D. Francisco Irigoyen
D. Miguel Moeñe
Jubilado D. Domingo Moreno
Id. de 3a. D. Francisco Gonzalez Pavon
D. Bernardino Albornoz
D. Ignacio Talamantes
D. José Joaquin Peña
Jubilado D. Antonio Polanco
Id. de rezagos D. José Felix Aramburu
D. Manuel Palomino
Id. agregados D. Mariano Sierra
D. José Serra
D. José Casimiro Zubiate
Oficial auxiliar de la mesa mayor D. Andres Eslaba.
Oficiales de 1a. clase D. Francisco Camina
D. Mariano Rojas
D. Juan Lizon
D. Manuel Perez
Id. de 2a. D. José Figueredo
D. Miguel Vazquez
D. José Hercelles
D. Francisco Maria Frias, con licencia
Id. de 3a. D. Pedro Minondo
D. Mariano Valderrama
D. Luis de la Torre
D. José Maria Valdivieso
Id. provisionales. D. José Santos Pozo
D. Miguel Rueda
Id. agregados D. José Goycochea, en la convencion
D. José Eustaquio Roldan
D. Pedro Salvi
Archivero D. Clemente Verdeguer
Ayudante de id. D. Domingo Gonzales Matos
Archivero jubilado D. José Bravo de Rueda
Escribano D. Andres Calaro
Portero D. José Torres
Un asistente.

TESORERIA JENERAL.

Administrador contador Sr. D. Lino de la Barrera
Id. tesorero Sr. D. Manuel José del Burgo
Id. suspenso Sr. D. José Ruiz
Contador jubilado Sr. D. Lorenzo Bazo
Ensayador y fundidor mayor D Tomas Panizo
Oficial mayor D. Francisco Agustin Argote
Id. primero D. Manuel Leyzequilla
Segundos D. Manuel Gomez Nadales
D. Rafael Jimena
Terceros D. Manuel Longavila
D. Francisco Lisarzaburu
Cuartos D. Rafael Hermosa
D. Juan de la Roza, interino
Amanuenses D. Andres Fariña
D. Luis Calero
D. Manuel Nieto
D. Bernabé Fonseca, interino
Guard. almac. del papel sellado D. Manuel Ponce de Leon
Id. de la comisaria de ejercito D. Juan Manrique
Oficiales agregados D. Francisco Bravo de Rueda
D. Juan José Castro
D. José Vargas Copado
Contadores de moneda D. Estevan Ruiz
D. José Arellano
Escribano D. Julian Cubillas
Portero D. Joaquin Vallejo
Un ordenanza.

RENTA DE CORREOS.

Jefe de la renta Sr. Ministro de estado del despacho de gobierno

ADMINISTRACION JENERAL.

Administrador jeneral D. José Maria de Pando.
Id. jubilado D. Juan Azaldegui
Contador interventor D. Manuel Vega Bazan.
Oficial mayor D. Manuel Correa.
1. D. José Melendez
2. D. Jose Peña

3. D. Felipe Santiago Romero
4. D. Francisco Galarreta
5. D. Pedro Aguero
6. D. Mariano Cuadros

Cartero D. Diego Espinoza
Escribano D. Ignacio Ayllon Salazar
4 conductores de número, 2 jubilados, 4 supernumerarios
2 ordenanzas

ADMINISTRACIONES SUBALTERNAS DE LA JENERAL.

Arequipa, principal.

Administrador D. Manuel Rodriguez de la Roza
Contador D. Agustin Hidalgo
Oficial 1 D. Mariano Hidalgo
2. D. Mariano Hipolito Cáceres
3. D. Mateo Chaves

Agregadas.

Chuquibamba D. Cipriano Mogrovejo. *Islay* D. José Medina. *Moquegua* D. Francisco Antonio Benavides. D. Juan Francisco Vizcarra, interventor. *Tacna* D. Manuel Gonzalez Vijil. D. Manuel Villena, interventor, *Arica* D. Gregorio Mesa. *Locumba* D. José Tamayo. *Tarapacá* D. Mariano Blas Bernal.

Ayacucho, principal.

Administrador D. Mateo Cardenas
Interventor D. Mariano Cardenas

Cuzco, principal

Administrador D. Juan Bejar
Contador D. Antonio Puente, interino
Oficial 1 D. Manuel Vizcarra
2 D. José Duran
3 D. José Benito Paliza

Agregadas.

Abancay D. Romualdo Pareja. *Sicuani* D. Mariano Pelayo. *Lampa* D. Mariano Joaquin Urbiola. *Puno* D. Marcos Goyzueta, D. Mariano Riquelme, interv. *Azángaro* D. Mariano Santos Dehesa. *Carabaya* D. Julian Payba. *Juli* D. Juan Calisaya.

Huaraz, principal.

Administrador D. Fernando Loli
Interventor D. José Castillo

Agregadas.

Carhuaz D. Francisco Torres. *Yungay* D. Agustin Castro. *Caraz* D. Manuel Polo Villegas

Piura, principal.

Administrador D. Pedro Vargas Machuca
Interventor D. Baltasar Navarro
Amanuense D. José Machuca

Agregada.

Tumbes D. Mateo Iturralde

Trujillo, principal

Administrador D. Francisco Lisarzaburu
Contador D. Felipe Loayza
Oficial 1 D. Juan Agustin Boubi
2. D. Pedro Peralta
3. D.
Cartero D. Manuel Cuesquen

Agregadas.

Otuzco D. Juan Carranza. *Huamachuco* D. Manuel Pizarro. D. José Alvarez, oficial auxiliar. *Cajamarca* D. José Rojas Barrantes. D. Juan Solar, interventor. *Hualgayoc* D. Tomas Espinoza. *San Pedro* D. José Manuel Florez. *Chiclayo* D. José Leonardo Ortiz. *Lambayeque* D. Baltasar Muro. D. José Andres Delgado, interventor

Chachapoyas, principal

Administrador D. Julian Reyes

Agregadas.

Pareoy D. José Manuel Vigo. *Moyobamba* D. Gregorio Hidalgo

ADMINISTRACIONES PARTICULARES

Puerto del Callao

D. Melchor Suarez

Carrera de Arequipa.

Cañete D. Cayetano Iturrizaga. *Chincha* D. Buenaventura Buendia. *Pisco* D. José Antonio Barbosa. *Ica* D. José Manuel Manrique. *Palpa* D. José Vicente Lijero. *Nasca* D. Galo Agustin Mesa. *Acarí* D. Felipe Barragan *Chala* D. Marcos Chacon. *Caravelí* D. José Mateo Carcelen. *Ocoña* D. Felipe Dongo. *Camaná* D. Hipólito Navarrete *Aplao* D. Manuel Valverde, interino

Carrera del Cuzco.

Huancavelica D. Manuel Urruchi. *Huanta* D. Vicente Barbaran. *Andahuaylas* D. Martin Vivanco D. Venancio Vivanco, oficial auxiliar

Carrera de Pasco.

Obrajillo. D. Valentin Bao. *Yauli* D. José Bernardo Paredes. *Tarma* D. José Gabriel Gomez. *Jauja* D. Pedro Falcon. *Huancayo*, D. Juan Agustin Torres. *Pasco* D. Francisco Calderon. D. Francisco Bazan, oficial auxiliar. *Cajatambo* D. Manuel Trucios. *Huallanca* D. José Garcia. *Huariaca* D. Manuel Grillo. *Huanuco* D. Marcelino Alcarraz.

Carrera de Valles

Chancay D. José Aniceto Romero. *Huaura* D. Tomas Fernandez. *Supe* D. Manuel Lezameta. *Barranca* D. Gregorio Lobaton. *Pativilca* D. José Alvarado. *Chiquian* D. Domingo Bolarte. *Chacas* D. Miguel Antonio Rincon. *Huarmey* D. Mariano Camacho. *Casma* D. Ramon Arce. *Nepeña* D. Joaquin Naveda. *Santa* D. José Cueto. *Payta* D. Manuel Reyes.

JUNTA DEL CREDITO NACIONAL

Presidente El del cuerpo lejislativo.

El ministro de estado del despacho de hacienda

El oficial mayor del ministerio de hacienda

El administrador contador de la tesoreria jeneral

El director contador de la caja de amortizacion

Secretario D. Nicolas Berastain

Oficial de la secretaria D. Mariano Asenelos

CAJA DE AMORTIZACION

Director contador D. Antonio Rodriguez

Id. Tesorero Ex Intendente de ejercito D. José Santos Figueroa.

Oficial mayor D. Manuel Ortiz de Cevallos

1. D Diego Roel
2. D. Gavino Pizarro
3. D. Miguel Espinoza
4. D. Pablo Leon

Amanuenses 1 D. Gabriel Oro

2. Juan Carranza
3. Francisco Montellanos
4. D Lorenzo Caderes

Archivero D. Juan Miguel Navarrete

Oficial auxiliar del archivero D. Carlos Bedoya
Contador de moneda D. Lorenzo Vega
Escribano D. José Escudero de Sicilia
Entretenidos sin sueldo D. Tamas Vergara
D. Juan Godoy
Portero D. Tomas Valderrama
Guardia: un cabo y dos soldados del cuerpo de inválidos

DIVERSOS ESTABLECIMIENTOS

PROTOMEDICATO

Protomedico jeneral S. D. D. Miguel Tafur
Alcáldes examinadores D. D. José Manuel Valdes
D. D. Cayetano Heredia
Fiscal D. Juan Vasquez
Acesor D. D. Jose Martín Garro
Examinador de cirujia D. D. Juan Gastañeta
Id. de flebotomia D. Manuel Chaves
Escribano D. Geronimo Villafuerte
Portero Juan Crisostomo Tafur

Tenientes del Protomedicato

Arequipa D. D. José Manuel Vargas
Ayacucho D. D. Lucas Gutierrez
Cañete D. José Pequeño
Chancay D. Francisco Almagrò
Cuzco D. D. Francisco Pacheco
Ica D. Pedro Rozas
Junin D. Manuel Caceres
Piura D. José Maria Colmenares
Trujillo D. D. Norberto Vega

TRIBUNAL DEL CONSULADO

Restablecido por ley de 26 de noviembre de 1829.

Prior Sr. D.
Consul 1.° D. Felipe Reboredo
Consul 2.° D.
Asesor D. D. Manuel Mendiburu y Orellana
Secretario archivero D. Pedro José Cornejo
Amanuense D. Juan Pasos
Escribano mayor D. José Escudero de Sicilia
Id de dilijencias D. José Otero
Porteros D. José Maria Britos
D. José Larrainzar.

Un sirviente.

Guardia: 1 cabo y 2 soldados del cuerpo de invalidos.

Corredores de Lonja.

D. José Maria Britos D. Miguel Moureal
D. Paulino Acevedo D. José Figueroa
D. José Maria Jara D. Manuel Pedreros
D. Felipe Reyes, supernumerario.

DIPUTADOS DE COMERCIO.

Los hay en las capitales de departamento, y en los lugares de crecido comercio, Cajamarca, Ica, Tacna y Pasco; mas no puede darse aqui razon de ellos, por elejirse en enero de cada año.

TRIBUNAL DE MINERIA.

Restablecido por ley de 26 de noviembre de 1829.

Administrador Sr. D. José Gregorio Fuentes
Diputado 2. ° D Manuel Bustos
Id. interino D. Cosme Agustin Pitot

Consultores.

D. Cosme Agustin Pitot D. Manuel Salazar y Vicuña
D. Ramon Arias D. Juan Eguzquiza, ausente
D. José Velesmoro id D. Cristoval Bezares id.
Asesor D. D. José Villa
Oficial mayor D. Tiburcio Leon
Amanuense D. Luis Erquicia
Escribano D. Andres Calero
Portero alguacil D. Manuel Cosio.
Id. D. Francisco Videla
Un sirviente.

Diputaciones territoriales.

Cajamarca D. Juan Antonio Eguzquiza D.
Caylloma D. D.
Cuzco D. D.
Hualgayoc D. José Valera D. Blas Casanova
Huallanca D. Manuel Avalos D.
Huamachuco D. Manuel Bringas D. Tadeo Alvarado
Huarochiri D. Sebastian Arangues
D. Felipe Antonio Alvarado
Huari D. Manuel Antonio Belevan
D. Norberto Reyna
Lircay D. D.

Lucanas D. Juan Pablo Santa Cruz
D. Casimiro Chavarria
Pasco D. Nicolas Lecuona D. José Lago y Lemus
Pataz D. Pedro Cisneros D. Agustin Escusa
Puno D. D.
Tarapacá D Atanasio Tinajas D. J. de Dios Verdugo

ILUSTRE COLEJIO DE ABOGADOS.

Hay en él una junta particular, compuesta de un decano, cuatro diputados, un maestro de ceremonias, un director de conferencias, un tesorero y un secretario que se elijen á fin de año.

Individuos del ilustre colejio residentes en esta capital.

D. *D.* Manuel Mendiburu y Orellana
D. *D.* Manuel José Bravo de Rueda
D. *D.* Tiburcio José de la Hermosa
D. *D.* José Antonio Torre
D. *D* Bernabé Tramarria, presbítero
D. *D.* José Porras, presbítero
L. *D.* Eduardo José Arezcurenaga
D. *D.* Francisco Javier Aguinagalde, presbítero
D. *D.* Cecilio Tagle, presbítero
D. *D.* Miguel Fuente Pacheco
D. *D.* Manuel Villarán
D. *D.* Juan Asencios
L. *D.* Manuel Rodriguez Moscoso
L. *D.* Francisco Vargas
D. *D.* Mariano Tagle, presbítero
L. *D.* Carlos Lizon
L. *D.* Manuel Cayetano Loyo
D. *D.* Ignacio Pro
D. *D.* Pascual Antonio Garate
L. *D.* Ignacio Ortiz de Cevallos
D. *D* Mariano Santos Quiros
L. *D.* Mariano Chenet
L. *D.* Manuel Velarde
D. *D.* Francisco Herrera, presbítero
L. *D.* Andrés Perez Valdes
L. *D.* Manuel Cayetano Semino
D. *D.* Lorenzo Soria
D. *D.* Manuel Hurtado Zápata, presbítero

L. *D.* Fernando Lopez Aldana
D. *D.* Jorje Benavente, presbítero
D. *D.* José Maria Galdiano
D. *D.* Pedro Benavente, presbítero
D. *D.* Carlos Orbea, presbítero
L. *D.* Juan Crisostomo Rondon
L. *D.* Miguel Berazar
L. *D.* Felipe Santiago Estenos
L. *D.* José Pando
D. *D.* Manuel Lopez Lizon
L. *D.* Paulino Gomez Roldan
D. *D.* Juan José Muñoz, presbítero
L. *D.* Antonio Ballesteros
L. *D.* José Francisco Peña
D. *D.* Manuel Antonio Valdizan
L. *D.* José Villa
L. *D.* Francisco Vallejo
L. *D.* Agustin Garcia
L. *D.* Gaspar Vasquez de Velazco
L. *D* José Ugarte
D. *D.* José Martin Garro
L. *D.* Ildefonso Zabala
L. *D.* Juan Felix Cevallos
L. *D* Miguel Morales
L. *D.* Manuel Julio Rospigliosi
L. *D.* Francisco de Borja Corso
L. *D.* Nicolas Factor Guzman
D. *D.* Manuel Guerci
D. *D.* M. Jesus Gonzales Guillero, presbítero
L. *D.* Manuel Martinez Galesio
D. *D.* Benito Pardo Figueroa
D. *D.* Felipe Maria Pardo
L. *D.* Pascual Francisco Suero
L. *D.* Bernardo Muñoz
L. *D.* Antonio Pacheco y Zamudio
L. *D.* Fernando Correa y Moreno
L. *D.* Tomas Davila
L. *D.* Santiago Negron
L. *D.* Estevan Febres Cordero
L. *D.* Antonio Darcourt

L. *D.* Diego Fernandez de Cordoba
L. *D.* Mariano Ocharan

No se comprenden en esta lista los individuos que se hallan de jueces, ajentes fiscales, y relatores.

DEPARTAMENTO DE LIMA.

PREFECTURA.

Prefecto Sr. Jeneral de Brigada D. Juan Salazar
Secretario Ten. coronel D. Mariano Antonio Cevallos
Oficial 1 D. Simon Manzanares
2 D. José Maria Cordova
3 D. Ignacio Lizon
Archivero D. José Medel
Oficial de partes D. Francisco Puertas
Amanuenses D. Lorenzo Junco
D. Manuel Figueroa, D. José Manuel Azabache
Ayudantes Sarjento mayor graduado D. Alejandro Muñoz
Alferez de caballeria D. Melchor Velazco

SUBPREFECTOS DE LAS PROVINCIAS.

Lima D.
Canta Sarjento mayor D. Martin Magan
Cañete Teniente coronel D. José Sotomayor, interino
Chancay y Santa D. Manuel Falcon, id.
Huarochirí D. José Maria Palomo, id.
Ica Coronel D. José Manuel Mesa
Yauyos Teniente coronel D. Joaquin Varela, interino

Gobernadores de los distritos de la capital.

Del 1.° D. José Patricio Garcia
2.° D. José Joaquin Busto
3.° D. Francisco Garfias
4.° D. Manuel Vallejo
5.° D. Manuel Garcia

El distrito ó cuartel 1.° tiene 11 barrios: el segundo 13: el tercero 5: el cuarto 9: el quinto 8. En cada barrio hay un inspector de él, y dos celadores con los respectivos serenos.

Compañia de seguridad pública.

Comandante Sarj. may. de caballeria D. Ignacio Garcia
Teniente D. Mariano Larenas
Alferez D. Alejo Odriosola,

Id. D. José Bustamante
Id. D. Manuel Torre
1 sarjento primero, 4 id. segundos, 5 cabos primeros, 6 id. segundos, 85 soldados

Comisarios conservadores del orden de los valles de la circunferencia de la capital.

Ate D. Pedro Irribaren
Bocanegra D. Manuel Menendez
Carabayllo D. Joaquin Gomez
Huatica D. Manuel Sotomayor
Lurigancho D. Francisco Naranjo
Lurin D. Fernando Puertas
Magdalena D. José Basurco
Piedralisa D. Francisco Simon Menacho
Surco D. Camilo Fernandez

ILMA. CORTE SUPERIOR DE JUSTICIA.

Presidente Sr. D D. Matias Leon
Vocales Sr. D. D Manuel Telleria
Sr. D. D. José Freyre
Sr. D. D. Tomas Forcada
Sr. D. D. José Maruri de la Cuba
Sr. D. D. Manuel Lino Ruiz de Pancorbo
Sr. D. D. Juan Antonio Taboada
Sr. D. D Manuel Herrera Oricain
Sr. D. D. Julian Piñeyro
Sr. D. D. Geronimo Aguero
Fiscal Sr. D. D. Francisco Javier Mariategui
Vocales interinos Sr. D. D. Buenaventura Aransaenz
Sr. D. D. Juan Bautista Navarrete
Relatores D. D. Santiago Garcia Paredes
D. D. Mariano Carrera
D. D. Manuel Fernandez Yoldi
D. D. Bernardo Muñoz, sostituto

Escribanos de cámara.

D. Gaspar Jurado
D. Luis Salazar D. José Romero, auxiliar
Oficiales mayores D. Miguel Naranjo
D. Ignacio Hermosilla
Oficial amanuense del tribunal D. José Cañoli

Porteros D. Juan Miguel Acevedo
D. Jacinto Acevedo D. José Cadenas
4 asistentes

JUECES DE PRIMERA INSTANCIA.

D. D. Juan Mariano Cosio
D. D. Francisco Rodriguez Piedra
D. D. Ignacio Benavente
D. D. Juan Bautista Navarrete
En Ica D. José Liza
En Chancay D
Interinos D. D. Pedro Llanos y Sanchez
D. D. Antonio Carrasco
Ajentes fiscales D. D. Blas José Alzamora
D. D. Manuel Antonio Colmenares
D. D. José Manuel Villaverde, interino
Defensor de ausentes D. D. Ignacio Pro
Id. de menores D. D. Manuel José Bravo de Rueda

Procuradores.

D. José Felix Francia D. José Cornejo
D. Mariano Jimenez D. Manuel Suarez Fernandez
D. Juan de Dios Rivera D. Manuel Benito Suarez
D. Pablo Chaves

Escribanos públicos.

D. Jeronimo Villafuerte D. Julian Cubillas
D. Juan de Dios Moreno D. Juan Cosio
D. Manuel Suarez D. José Joaquin Luque
D. Ignacio Francisco Grados D. José Gallegos
D. Juan Menendez D. Ignacio Ayllon Salazar
D. Francisco Paula Casos D. Baltasar Nuñez, sostituto
D. José Zelaya id.

Escribanos del estado.

D. Juan Pio Espinoza D. Faustino Olaya
D. José Antonio Cobian D. Juan Becerra
D. Martin Morilla D. Fabian Palomino
D. Cayetano Casas, supernumerario
D. Valentin Urbina, ausente D. José Simeon Ayllon
D. Báltasar Nuñez

Escribanos de dilijencias.

D. Francisco Ayllon Salazar D. José Ceferino Moreno
D. José Cueva D. Gaspar Bravo

D. Tomas Guido | D. Blas Quiroga
D. José Otero, supernum. | D. J. Manuel Echeverria id.
D. José Telles | D. Juan Cubillas

JUNTA DE ALMONEDAS.

El Prefecto del departamento
El Vocal menos antiguo de la corte superior
El Fiscal de la misma
Los Administradores de la tesoreria jeneral

CASA DE MONEDA.

Director Sr. D. Mariano Necochea
Ex-director D. Cayetano Vidaurre, con medio sueldo ín-terin se le coloca en destino equivalente.
Oficial mayor D. Antonio Baeza

Contaduria.

Contador D. Pedro José Carrillo
Id. jubilado D. Ignacio Antonio Alcazar
Oficial mayor D. José Andres Rojas
Id. jubilado D. Mariano Cruzeta
Oficial 2. ° D. Juan José Quiñones
Id. jubilado D. Miguel Mascaro
Oficial 3. ° D. Manuel Antonio Chaves
Auxiliar interino D. Manuel Marticorena

Tesoreria.

Tesorero D. Juan Antonio Gordillo
Oficial amanuense D. Francisco Ayllon
Id. D. Alejo Cosio
Contadores de moneda D. Julian Barreto
D. Martin Oyague
Marcador de barras D. Romualdo Allende
Un sirviente

Ensaye.

Ensayador 1. ° D. Manuel Rodriguez Carrza
Id. jubilado D. Juan Martinez de Rozas
Id. 2. ° D. Manuel Velarde
Agregado D. José Campo

Juzgado de Balanza.

Juez D. José Morales y Ugalde
Teniente D. Juan Franco
Id. jubilado D. Faustino Marres

Fielatura.

Administradores provisionales D. Francisco Caraza
D. Pedro Paz Soldan
Fundidor de cizallas D. Francisco Cruzeta
Teniente de id. D. Manuel Matos
Guardavistas D. José Cervigon D. José M. Alcazar
D. José Chaves D. José Maria Cigaran
Beneficiador de tierras D. Felipe Gordillo
Amanuense auxiliar D. Miguel Urbina

Sala de Volantes.

Guardacuños D. Manuel Chirinos
Teniente de id D. Juan Vallejo
Acuñadores D. Domingo Montaño D. Pablo Criado
D. Eduardo Leon D. Marcos Melendez
D. Francisco Fuentes D. Juan Criado
D. Salvador Zambrano

Fundicion.

Fundidor mayor D. Pedro Bueno
Guardavistas D. José Tejero D. José Meneses
D. José Fernandini. D. Manuel Caraza y Jaramillo
Guardamateriales D. Tomas Franco

Talladores.

Talla mayor D. Atanasio Davalos
Id. D. Manuel Villavicencio
Oficial D. José Cañoli
Id. D. José Chacon

Diversos destinos.

Escribano D. Ignacio Ayllon
Conductor de pliegos D. Domingo Sanz
Id. jubilado D. Ignacio Cisneros
Portero D. Juan Aranda
Rondines D. Manuel Fusate D. Bartolomé Vera

ADUANA PRINCIPAL DE LIMA.

Administrador Sr. D. Manuel Ferreyros
Contador D. Joaquin Arrese
Tesorero Sr. D. José Braulio del Camporedondo, de la cámara de senadores

Empleados en la administracion.

Oficial 1.° D. José Duran
2.° D. José Ambrosio Marquez

Amanuense D. Felipe Laynes

Empleados en la contaduria.

Oficial mayor D. José Palmá
Id. primeros D. Antonio Sanchez Quiñones
D. Toribio Mizpireta
D. José Manuel Bolarte
Id. segundos D. José Zabala
D. Manuel Sologuren
D. Manuel Maria Aramburu
D. Pedro José Carrillo
Id. terceros D. Tiburcio Olivares
D. Manuel Valderrama
D. Toribio Sanz
D. Manuel Figuerola
D. Pedro Cabero
Id. auxiliares D. Andres José Banda
D. José Maria Perla
D. Manuel Odriosola
D. Pedro Tillit
Amanuenses D. Manuel Argote
D. Mariano Francisco Martinez

Empleados en la tesoreria.

Oficial 1 D. Francisco Maria Charun, tesorero suplente
2 D. José Gonzalez Valle
Contadores de moneda D. Mariano Grillo
D. Eusebio Carrillo

Vistas.

D. Manuel Cogoy D. José Quiroga
D. Joaquin Saavedra, agregado

Alcaydia.

Alcayde D. Domingo Olivera
Oficial 2 D. Manuel Espinoza
Amanuense D. Miguel Jaramillo
Cuatro jubilados en varios empleos

Diversos destinos.

Escribano D. Juan Pio Espinoza
Id. habilitado D. Julian Eguren
Meritos D. José Gonzalez D. J. Mariano Egoaguirre
Portero D. Gregorio Lopez
Dos ordenanzas.

Resguardo.

Jefe Sr. Administrador de la renta
Comandantes D. Juan Francisco Unanue
D. Andres Caballero
3 cabos, 24 guardas montados y 65 de á pie

Esta fuerza alterna su servicio en Lima y puerto del Callao. De ellos hay siempre en ejercicio en la capital 1 comandante, 1 cabo, 12 individuos montados, y 26 de á pie.

Falua del resguardo: 1 patron y 11 marineros
Bote de ronda: 1 patron y 6 marineros

TENENCIA DEL CALLAO.

Teniente administrador D. Manuel Lastra
Oficial 1.° interventor D. Mariano Gomez
2 D. Francisco Jordan
3 D. Armando Montes
Guarda almacenes D. Juan Manuel Zamora

TENENCIA DE HUACHO.

Teniente administrador D. José Maria Pagador, suspenso
Oficial D. José Maria Ellacuriaga
1 cabo y 4 guardas montados

RECEPTORIA DE SANTA

Receptor D. José Velazquez
4 guardas montados

ADUANA DE PISCO.

Dependiente de la principal de Lima por supremo decreto de 10 de marzo de 1832.

Administrador D. Pedro Pedemonte
Oficial 1 D. Manuel Arriaga
2 D. José Castro
Portero Gregorio Palacios
Resguardo. *Comandante* D. Pedro José Polo
1 cabo, 6 guardas. Una falua con 1 patron y 2 marineros

TENENCIA DE ICA.

Teniente administrador D. Pedro Quintana
Oficial mayor D. Juan Nepomuceno Rios
Resguardo. 1 cabo y 3 guardas

TENENCIA DE PALPA.

Teniente administrador D. Domingo Tijero
Oficial mayor D. Pedro Claros

Resguardo. 1 cabo, 3 guardas

TENENCIA DE CERRO AZUL.

Teniente administrador D. José Antonio Beytia
Resguardo. 2 guardas

M. H. J. DEPARTAMENTAL.

Provincias	SS. DIPUTADOS.
Lima	D. Juan Gualberto Menacho *
	D. Bernardo Herrera
Canta	D. Gregorio Vento
	D. Francisco Vasquez
Cañete	D. Claudio Fernandez Prada
	D.
Chancay y Santa	D. Gaspar Cáceres *
	D. Luis Salinas, suplente
Huarochirí	D. Alejo Rios *
	D. Manuel de la Cruz Bustos
Ica	D. Pedro Quintana
	D.
Yauyos	D. Nereo Forcelledo
	D. Toribio Vivas, suplente

Nota. Los ss. que llevan esta señal * componen la comision permanente.

Secretaria.

Secretario Un señor diputado
Oficial mayor D. Agustin Espinel Portilla
Amanuenses D. José Vasquez D. Bernardo Barbaran
Oficial de sala Sarj. may. D. Pedro Revilla
Un portero, 1 porta pliegos, 1 sirviente.

UNIVERSIDAD DE SAN MARCOS.

Rector Sr. D. D. Miguel Tafur
Cancelario D. D. Luis Aristizabal
Vice-rector y consiliario mayor D. D. J. Mariano Aguirre
Consiliario mayor D. D. Manuel Urquijo
Id. menores D. Tomas Valle D. Manuel Pedemonte

Catedraticos.

Prima de Teolojia D. D. Juan Reymundis, rejente
Id. de Escritura D. D. Camilo Antonio Vergara
Visperas de Teolojia R. P. M. Fr. Domingo Oyeregui, rej
Nona de id. D. D. Francisco de Pascual y Erazo, rejente.

Maestro de las sentencias D. D. Bartolomé Herrera, rej.
Prima de Cánones D. D. José Mariano Aguirre, rejente.
Vísperas de id. D. D Antonio Carrasco, rejente
Decreto D. D. José Ignacio Moreno
Prima de Leyes D. D. Jorje Benavente, rejente
Vísperas de id. D. D. Manuel Urquijo, rejente
Instituta D. D. Ignacio Pro
Prima de Medicina D. D. Miguel Tafur
Vísperas de id. D. D José Manuel Valdes
Clínica interna D. D. Francisco Fuentes
Id. externa D. D. Juan Gastañeta
Anatomia D. D. José Reynoso
Filosofía D. D. Laureano Lara
Id. D. D. Cayetano Heredia, rejente
Prima de Matemáticas D. D. José Gregorio Paredes
Prima de Retórica D. D. José Francisco Navarrete
Vacantes las de *Código, Dijesto viejo, Matéria médica, Psicolojia, Vísperas de Matemáticas* y una de *Filosofía.*

Cátedras propias de varias órdenes relijiosas.

Sto. Domingo. *P. de T. Moral* R.P.M. F. Lázaro Cubillas
Filosofía R. P. M. F. Manuel Gordillo
S. Francisco *P. de Escoto* R. P. J. F. Rafael Delgado
Vísperas de id. R. P. J. F. Francisco Javier Sanchez
S Agustin. *P. de Dogmas* R. P. M. F. Martin Molero
Prima del maestro R. P. M. F. José Espinoza
Merced. *P. de Sto. Tomas* R. P. M. F. Sebastian Gonzalez
Cuatro cátedras vacantes
Procurador jeneral D. D. Manuel Lopez Lizon, interino
Capellan D. D. Narciso Sanchez Cosio
Tesorero D. D. José Anglade
Secretario D. José Antonio Henriquez
Bedel mayor y Pro-secretario D. José Urreta
Id. menor D. Manuel Monterey
Alguacil D. José Nieto
4 meritorios

BIBLIOTECA NACIONAL.

Bibliotecario D. D. Joaquin Paredes
Oficial conservador D. Juan Coello
Amanuense D.

MUSEO DE HISTORIA NATURAL.

Director D. Mariano Eduardo Rivero

JUNTA DIRECTORA DE FARMACIA.

Presidente proto-farmaceutico D. Melchor Cereceda
Vocales D. José Ordoñez
D. Manuel Leon
Asociado médico para las visitas jenerales de botica
D. D. Francisco Fuentes
Id. cirujano D. José Isidoro Alcedo
Secretario D. Domingo Pimentel
Escribano D. José Antonio Flor
Portero D. Pedro Abarca

Colejio de Farmacia.

Director El proto-farmaceutico D. Melchor Cereceda
Rector Presbitero D. José Suero
Alumnos externos 16

COLEJIOS.

COLEJIO DE SAN CARLOS.

Director Sr. D. D. Justo Figuerola, vocal de la corte suprema de justicia.
Rector D. D. Matias Pastor
Vice-rectores D. Manuel Julio Rospigliosi, maestro en leyes y canones, y rejente de artes
D. José Maria Sanchez Barra, maestro en leyes y cánones, rejente y catedrático de las mismas facultades
Maestros D. D. Bartolomé Herrera en teolojia, rejente de la misma facultad, y catedrático de filosofia.
D. Antonio Arenas en leyes y cánones, catedrático de derecho natural
D. Gregorio Ovalle en id. catedrático de matemáticas
D. Agustin Alcantara en id. secretario
D. Tomas Valle y Garcia, en id.
D. José Manuel Tirado en id. catedrático de matemáticas
D. Guillermo Eduardo Carrillo, catedrático de filosofia y matemáticas
D. Domingo Ramirez de Arellano, catedrático de lengua y literatura latina
Capellan D Narciso Sanchez Cosio
Colejiales internos 79, externos 44.

COLEJIO DE MEDICINA DE LA INDEPENDENCIA.

Director Sr. Protomédico jeneral
Rector y capellan D. Carlos José Aguero
Vice-rector D. Juan Agustin Tilly
Secretario D. José Julian Bravo
Profesores de *Anatomia*, *Patolojia*, *Clinica interna y externa*, los de la universidad.
Id. de fisiolojia D. D. Laureano Lara
Director anatómico D. D. Cayetano Heredia
Pasante de matemáticas D. Marcelino Aranda
Id de fisica D. José Julian Bravo
Alumnos internos 18, externos 10, sirvientes 4.

ESCUELA GRATUITA DE HUMANIDADES Y MUSEO LATINO.

Inspector jeneral de escuelas y preceptor de la 3a. aula de latinidad D. José Perez Vargas
Preceptor de la 2a. aula de latinidad D. Justo Carpio
Id. de la 1a. de lengua castellana D. Juan José Araujo

ESCUELA NORMAL LANCASTERIANA DE SANTO TOMAS
gratuita para hombres

Director D. D. José Francisco Navarrete
Maestro D. José Maria Morales

ESCUELA GRATUITA DE SAN LAZARO
para niños y niñas con separacion.

Maestro D. Pedro Bustamante
Maestra Da. Josefa Vergara
Otras varias escuelas gratuitas en los conventos, y particulares.

COLEJIO DE SANTA CRUZ DE NIÑAS EXPOSITAS,
trasladado al convento supreso de Santa Teresa.

Administrador y capellan D. D. José Francisco Navarrete
Rectora Da. Petronila Gonzalez
24 colejialas de número, 5 pupilas

COLEJIO DE CIENCIAS DE ICA

Rector Presbitero D. Valerio Cora
Vice-rector D. Mariano Salcedo
Cated. de filosofia y matematicas D. Juan de Dios Melgar

DIRECCION JENERAL DE BENEFICENCIA

Director accidental D. Miguel Blanco
Contador D. Francisco Taramona
Tesorero D. Miguel Blanco

Abogado D. Nicolas Factor Guzman
Escribano D. Manuel Suarez
Procurador D. Pablo Chaves
Ajente recaudador de censos D. Mariano Figueroa

Hospital de San Bartolomé
destinado á hombres

Administrador D. Mariano Rodriguez
Médico D. *D.* Francisco Fuentes
Cirujano D. *D.* José Santos Montero
Capellanes D. Miguel Pastrana D. Vicente Gago

Hospital de Santa Maria de la Caridad
destinado á mujeres

Administrador D. José Montes de Oca
Medico D. D. Francisco Faustos
Cirujano D. D. José Reynoso
Capellanes D. Bartolomé Herrera Fr. Juan Salazar

Lazarinos

Los de ambos sexos se sostienen por la beneficencia en el hospital de incurables al cuidado de los PP. Betlemitas, y tambien los virolentos.

Hospital de San Andres

Lo ocupan los hombres maniáticos en el patio que les corresponde, al cuidado de D. Isidro Alzaga.

Amparadas

Administrador y capellan D. Juan José Nalda

Casa de niños expositos

Abadesa Da. Antonia Romero
Capellan D. Miguel Agustin Hoces
Director de niños expositos en la misma casa D. Lorenzo Ron

Deposito de presos.

Administrador D. Francisco Navarro
Alcayde D. José Ormaza

Cementerio jeneral.

Subastador D. José Pasos
Capellan D. Manuel Gonzalez

Ramo de suertes.

Subastador D. Isidro Aramburu

DEPARTAMENTO DE LAS AMAZONAS
PREFECTURA.

Prefecto Sr. D. José Policarpo Hernandez, interino
Secretario D. Ildefonso Torres
Oficial 1.° *archivero* D. Jeronimo Chaves
Amanuense, oficial de partes D. Pedro Vazquez
Portero D. Francisco Poquis

SUBPREFECTOS DE LAS PROVINCIAS

Chachapoyas D. Juan Antonio Eguzquiza
Maynas D. Carlos Castillo
Pataz D. Toribio Rodriguez

TESORERIA DEL DEPARTAMENTO.

Tesorero contador de diezmos D. Andres Torres
Interventor D. Julian Montera
Oficial 1. ° *y contador de moneda* D. Manuel Chaves
Portero D. Gregorio Santillan

RECEPTORIA EN EL PUEBLO DEL LORETO, frontera del Brasil.

Receptor D. Gregorio Hidalgo

DEPARTAMENTO DE AREQUIPA.
PREFECTURA.

Prefecto Sr. Jeneral de brigada D. Juan José Salas
Secretario D. José Tadeo Rivera
Oficial 1 D. Pedro Benavides
2 D. Mariano Bustamante
3 D. José Gavino Navarro
4 D. Juan Manuel Montesinos
Ayudantes Sarjento mayor graduado D. Mariano Siles
Id. D. Mariano Gregorio Uria
Id. D. Aurelio Munguia
Capitan D. Mariano Padilla de Galindo
Portero D. Mariano Caceres

SUBPREFECTOS DE LAS PROVINCIAS.

Arequipa D
Arica D. Mariano Miguel Ugarte
Camaná D Juan de Mata Julio Rospigliosi
Caylloma D. Juan de Dios Ballon
Condesuyos D. Pedro Mariano Villena
Moquegua D. Tomas Ordoñez

Tarapacá D. José Gonzalez Taramona

ILMA. CORTE SUPERIOR DE JUSTICIA.

Presidente Sr. D. Mariano Luna Villanueva
Vocales Sr. D. Manuel Asensio Cuadros
Sr. D. Mariano Blas de la Fuente
Sr. D. José Maria Corvacho, ausente
Sr. D. José Sanchez Barra
Sr. D. Mariano José Ureta, ausente
Fiscal Sr. D. Manuel Jorje Teran, ausente
Vocales suplentes Sr. D. D. Pedro Mariano Zuzunaga
Sr. D. *D.* José Fernandez Davila
Sr. D. *D.* Mariano Gandarillas, que despacha la fiscalia.
Ajente fiscal D. José Gavino Fernandez Davila
Relatores D. José Miguel Salazar
D. *D.* Manuel Ezequiel Rey de Castro

Secretaria de camara

Secretario D. Bernardino Caceres
Sostituto D. Mariano Rodulfo
Oficial mayor D. Melchor Molina
Porteros D. Manuel Ponce D. Mariano Arauzo

Procuradores

D. José Agustin Arizmendi D. Juan José Carvajal
D. Casimiro Salazar D. José Antonio Herrera
D. Tadeo Lloza D. José Arnillas

JUECES DE PRIMERA INSTANCIA.

Arequipa D. *D.* Benito Lazo, ausente
D. *D.* José Luis Gomez Sanchez, id.
D. *D.* José Fernandez Davila
D. *D.* Juan José España, interino
D. *D.* Manuel Antonio Ureta, id.
D. *D.* José Gregorio Paz Soldan id.
Camaná D. *D.* Juan Antonio Zabala
Caylloma D. *D.* Miguel Abril
Chuquibamba D. *D.* Mariano Becerra
Moquegua D *D.* Miguel Perez Tudela. ausente
Tacna D. *D.* Francisco Fernandez Maldonado
Tarapacá D. *D.* José Maria Ocharan

D. *D.* J. María Coronel Cegarra, interino

TESORERIA PRINCIPAL

Tesorero D. Mariano Gabriel Paredes
Contador D. José Timoteo del Poso
Id. jubilado D. Fernando Pacheco
Ensayador fundidor y balanzario D. José Muñoz Romero
Otro en Tarapacá D. José Santos Zela, suspenso
Oficial 1. D. Valentin Sierra
2. D. José María Arena
3. D. Rudesindo Lopez
4. D. José Manuel Rivera
5. D. José María Rodriguez
2 jubilado D. Antonino Salazar
Auxiliares D. Manuel Cevallos D. Mariano Ramos
D. Mariano Egoaguirre
Contador de moneda D. José María Vargas
Portero D. Lorenzo Castañeda

ADUANA PRINCIPAL DE ISLAY.

Administrador D. Mariano Basilio de la Fuente
Contador D. Bartolomé Nieto
Escribano D. Mariano Aranibar
Oficial auxiliar de la administracion D. Lorenzo Vargas
Oficial mayor de la contaduría D. Mariano Antonio Flor
2. D. Pedro José Suero
3. D. Manuel Herrera
4. D. Francisco Caceres
Dos oficiales jubilados
Vista D. Cipriano Garcia
Guarda almacenes D. Justo Pastor Medina
Oficial auxiliar D.
Portero D. José María Corzo

Resguardo

Comandante D. Mariano Ventura Ugarte
Cabos D. Cipriano Ureta *D.* Alejandro Gonzalez
14 Guardas: 2 patrones y 10 marineros, para la tripulacion de una lancha y un bote

TENENCIA DE AREQUIPA

Teniente administrador D. Pedro José Ureta
Oficial mayor interventor D. Juan Bautista Garate
Resguardo. *Comandante* D. Felipe Aragon

Cabo D. Pablo Vera: 4 guardas montados

TENENCIA DE ILO

Teniente administrador D. Miguel Arguedas

Resguardo. *Cabo* D. Mariano Angulo, suspenso: 3 guardas

ADUANA PRINCIPAL DE ARICA.

Administrador D. Pedro Salmon

Contador D. José Rivero

Oficial auxiliar de la administracion D. Pascual Ponce

Oficial mayor de la contaduria D. Antonio Saldaña

2. D. Santiago Manzanares

3. D. Gavino Jimenez

4. D. Manuel Fuente

Vista D. Juan Luis Errea

Guarda almacenes D. Agustin Infantas

Oficial auxiliar D. Andres Tirado

Portero D. Cayetano Olivares

Resguardo.

Comandante D. José Ponce

Id. jubilado D. José Vicente Galvez

Cabos D. Juan Abal. D. José Ajesta

12 guardas montados.

TENENCIA DE IQUIQUE

Teniente administrador D. Juan José Fuente

Amanuense D. Eujenio Cevallos

Resguardo. *Cabo* D. Mariano Torres

4 guardas de á pié.

Receptorias

Tacna D. Alejandro Arias, suspenso

D. Francisco Palza é Infantas, provisional

Resguardo. *Cabo* D. Pedro Salgado: 4 guardas montados

Locumba D. Celestino Vargas

Ilabaya D. Pedro Sanchez

Tarapacá D. Felipe Bustos

M. H. JUNTA DEPARTAMENTAL.

Provincias	SS. DIPUTADOS
Arequipa	D. Pedro José Gamio
	D. José Mariano Cosio
Arica	D. José Antonio Albarracin
	D. Pedro Alejandro Ferrer

Camaná D. Juan José Neyra
D. D. Juan José España
Caylloma D. D. Miguel Abril
D. Mariano Espinel
Condesuyos D. D Mariano Becerra
D. Tomas Vera
Moquegua D. D. Tadeo Ordoñez
D. Francisco de Paula Alayza
Tarapacá D. D. Juan Soto
D. Lucas Loayza

UNIVERSIDAD DE SAN AGUSTIN.

Rector D. D. José Fernandez Davila
Tesorero D. D. Manuel Cuba
Secretario D. D. Juan Gualberto Valdivia
Prosecretario D. D. Lucas Corzo

COLEJIO DE LA INDEPENDENCIA AMERICANA

Rector D. Francisco de Paula Gonzalez Vijil
Catedratico de derecho D. D. Evaristo Vargas
De filosofia y matematicas D. D. Antonio Salas
De humanidades D. D. Teodoro Molinier

Profesores y otros empleados

Dibujo D. Claudio Tomillo
Música D. José Antonio Berenguel
Escritura D. Mariano Valdes y Hurtado
4 Inspectores
Capellanes D. Mariano Cantos D. Mariano Salamanca
Bibliotecario 1.° D. Antolin Corvacho
2.° y *secretario* D. Lucas Corzo
Administrador tesorero D. Manuel Cuba
Portero D. Manuel Chavarria

ACADEMIA LAURETANA DE CIENCIAS Y ARTES

Presidente D. D. Manuel Amat y Leon
Vice-presidente D. D. Fernando Arce y Fierro
Conciliario 1. D. D. Tadeo Chaves
2. D. D. Rafael Barriga
Secretario D. D. José Maria Bejarano, interino

COLEJIO DE EDUCANDAS

Rector D. D. Fernando Arce y Fierro
Capellanes Fr. Anselmo Figueroa Fr. Celedonio Cuba
Vice-rectora Da. Maria Luisa Zuñiga

Maestra de primeras letras Da. Agueda Vera
de costura Da. Teodora Cornejo
de tejidos Da. Manuela Carpio
de música Da. Nicolasa Llanos
Médico D. D. Juan Manuel Vargas

COLEJIO DE LA LIBERTAD DE MOQUEGUA.

Rector y catedratico de lejislacion D. D. Tadeo Ordoñez
Vice-rector D. D. Cayetano Fernandez Maldonado
Catedratico de filosofia y matemat. D. D. Manuel Davalos
de relijion y capellan Fr. Miguel Chaves
Profesor de latinidad Fr. Buenaventura Polar
de primeras letras D. Juan Pablo Vizcarra
de música D. Ramon Valderrama

ESCUELAS.

11 gratuitas de primeras letras en la capital, y 17 en varios puntos del departamento

---

DEPARTAMENTO DE AYACUCHO

PREFECTURA.

Prefecto Sr. Jeneral de brigada D. José Maria Frias
Secretario D. Feliciano Vergara
D. Andres Garrido. interino
Oficial 1. D. Manuel Condemarin
2. D. Pedro Meneses
3. D. Miguel Villavicencio
Id. de partes y archivero D. Matias Guerrero
D. Mariano Gonzalez, suplente
Ayudantes D. D.

SUBPREFECTOS DE LAS PROVINCIAS.

Andahuaylas D. José Paredes, suspenso
D. Joaquin Lira, interino
Cangallo D. Santiago Carrasco
Castrovireyna D. José Maria Zapater
D. Remijio Jauregui, interino
Huamanga D. Manuel Cabrera, suspenso
D. Manuel Layseca, interino
Huancavelica D. Manuel Beramendi
Huanta D. José Bustios, suspenso
D. Manuel Lopera, interino
Lucanas D. Juan Pablo Santa Cruz, interino

Parinacochas D. Feliciano Gutierres
Tayacaja D. José Santillan, suspenso
• D. Andres Bolaños, interino

JUECES DE PRIMERA INSTANCIA

Huamanga, Cangallo y Huanta con residencia en la ciudad de Ayacucho. D. Pedro José Florez, ausente
Ajente fiscal D. D. José Conrado Calderon, ausente
Dos escribanos del estado residentes en Ayacucho
Andahuaylas D. Bernardino Estevanes de Cevallos
Huancavelica D. Pascual Castillo
Parinacochas D. D. Juan José Eguilus
Tayacaja D. Pedro Hernandez

TESORERIA PRINCIPAL

Tesorero D. José Mariano Roman
Contador D. José Andres Rojas
Id. Jubilado D. Juan Bernardo Valdivieso
Ensayador fundidor y balanzario D.
Oficial mayor D. Andres Garrido, interino
2. D. José Manuel Martinez
3. D. Simon Bravo
Contador de moneda y archivero D. Juan de Dios Muñoz
Amanuenses provisionales D. Domingo Olivares
D. Fermin Mendieta
Guarda volante D. Manuel Villavicencio
Escribano D. Julian Caro
Portero D. Tomas Ramos

M. H. JUNTA DEPARTAMEMTAL

Provincias	SS. DIPUTADOS
Andahuaylas	D. Faustino Alfaro
	D. Tomas Tello y Cabrera
Cangallo	D. Felipe Velazco
	D. Santigo Carrasco.
Castrovireyna	D. Manuel Escalante
	D.
Huamanga	D. José Maria Montaño
	D. Mariano Moreno
Huancavelica	D. Gabriel Delgado
	D. Manuel Patricio Fernandez

Huanta	D. Feliciano Vergara
	D. Antonio Pacheco
Lucanas	D. Pedro José Bendezú
	D. Tomas Bendezú
Parinacochas	D. Ignacio Montoya
	D. Pantaleon Montoya
Tayacaja	D. Tadeo Munguia
	D. José Manuel Morales

SECRETARIA

Secretario Un Sr. diputado
Oficial mayor D. José Escolastico Duran
Amanuenses D. Carlos Garcia D. Juan Pino
Portero D. Isidro Labrador
Un porta pliegos

UNIVERSIDAD DE SAN CRISTOVAL.

Está reunida al seminario conciliar.

ESCUELAS DE PRIMERAS LETRAS

2 en Andahuaylas: 6 en Huamanga: 4 en Huancavelica 1 en Huanta: 6 en Tayacaja: algunas en Castrovireyna.

HOSPITALES

San Juan de Dios de Ayacucho

Economo provisional D. José Policarpo Jil

Id. de Huancavelica.

Economo D. Januario Galdos

Nota. Sigue la razon del departamento de Junin por no haber llegado en oportunidad la del Cuzco.

DEPARTAMENTO DE JUNIN

PREFECTURA.

Prefecto. Teniente coronel de ejercito Sr. D. Francisco Quiros
Secretario D. Juan Acosta
Oficial mayor D. Mariano Erazo
1. D. Vicente Davila Condemarin
2. D. Mariano Acosta y Morales
Oficial de partes y archivero D. Manuel Ramon Odria
Amanuense D. Sebastian Leon
Ayudantes Capitan graduado de teniente coronel D. Manuel Revilla

Id. graduado de sarjento mayor D. Bruno Beraun

SUBPREFECTOS DE LAS PROVINCIAS.

Cajatambo D. José Maria Montenegro
Conchucos D. Pedro Cisneros
Huaylas Coronel de ejercito D. Francisco Araos
Huamalies D. Juan Manuel Valdizan
Huanuco D. Jorje Duran
Huari D Pedro Arana
Jauja Coronel de ejercito D. Juan Ignacio Rios
Pasco D. José Isidro Valdizan

JUECES DE PRIMERA INSTANCIA

Cajatambo D. Mariano Beraun
Conchucos y Huari D. D. Mariano Reyna
Huamalies D.
Huanuco D. D. José Gregorio Mata
Huaylas D.
Jauja D. D. Juan Manuel Campoblanco
Pasco D. Manuel Jeronimo Arias, interino

Escribanos de las provincias

Huanuco D. José Manuel Tello
Huaylas D. Vicente Figueroa
Jauja D. José Arco
D. Pablo Moreno
Pasco D. Andres Ames
D. Asensio Talancha, público

TESORERIA PRINCIPAL.

Contador D. Juan de Dios Camborda, suspenso
Id. D. Valentin Salas interino
Tesorero D. Manuel Gutierrez Parra, ausente
Oficial mayor D. Julian Leon, suspenso
1. D. Juan B. Albarracin
2. D. Pedro Secada
3. D Evaristo Mansilla
Amanuense D. Juan Manuel Pacheco
Id. auxiliar D. José Silvestre Cerna
Portero, marcador y contad. de moneda D. Eujenio Lozano
Guarda veredero D. José Maria Nuñez
Escribano D. Asensio Talancha

M. H. JUNTA DEPARTAMENTAL.

Provincias. SS. DIPUTADOS.

Cajatambo D. Marcelino Fernandez
D. José Goñi
Conchucos D. José Placencia.
D. José Villanueva.
Huamalies D. José Fuentes Ijurra
D. José Figueroa.
Huánuco D. Pedro Caballero
D. Mariano Huydobro.
Huari D. Pedro Araña
D. Timoteo Flores
Huaylas D. Nicolas Olivera.
D. Leandro Bambaren
Jauja D. Juan Agustin Torres
D. Pedro José Meza
Pasco D. Manuel Fuentes Ijurra
D. Angel Mota

Secretaria.

Secretario Un Sr. diputado.
Oficial 1 D. José Aguero.
Amanuenses D. Sebastian Barron D. Joaquin Cortabarria
Oficial de sala D. Manuel Figueredo
Portero D. Miguel Muelle

COLEJIOS.

COLEJIO DE LA VIRTUD DE HUANUCO.

Rector D. D. Manuel Villaran y Loli, cura de Santa Maria del Valle
Vice-rectores D. Juan Bautista Guzman
D. Pedro Caballero D. Pedro Zanabria
Catedraticos de filosofia y matemat. El rector y vice-rectores.
Preceptor de gramática latina y castellana D. José Abarca
Secretario D. Manuel Santa Gadea
Alumnos internos 46; externos 65; dependientes 7.

COLEJIO DE OCÓPA.

Rector D. D. José Antonio Gonzalez
Vicerector D. Joaquin Requejo
Maestro de filosofia, y matematicas D. Melchor Espinoza.
Alumnos internos 18, externos 5.

COLEJIO DE LA LIBERTAD DE HUARAZ.

Rector D. Pedro Pablo Rodriguez
Vice-rector D.
Maestro de latinidad D. Juan de la Cruz Romero

Cuatro escuelas lancasterianas en el *Cerro de Pasco, Huanuco, Jauja y Tarma.*

HOSPITALES

SAN JUAN DE DIOS EN HUANUCO

Economo D. Juan Mena
Médico, cirujano D. Sebastian Davila
Capellan Fr. Manuel Paz

UN HOSPITAL DE BETLEMITAS EN HUARAZ.

DEPARTAMENTO DE LA LIBERTAD.

PREFECTURA.

Prefecto Sr. Jeneral de brigada D. José Maria Raygada.
Secretario D. Manuel Bringas, ausente.
Oficial 1 D. José Maria Arellano.
2 D Manuel Acerete
3 D. Andres Alcantara
4 D. Estevan Trigoso.
Ayudantes Capitan graduado de caballeria de ejército D. José Ignacio Gonzalez
Teniente graduado de id. *D.* Guillermo Marquina
Un portapliegos

SUBPREFECTOS DE LAS PROVINCIAS.

Trujillo D. Antonio Urquiaga
Cajamarca D. Manuel Maria Galvez
Chota D. Manuel Francisco Osores
Huamachuco D. Miguel Mesia
Jaen D. José Remijio Elera
Lambayeque D. Francisco Torre
Piura D. José Domingo Casanova

ILMA. CORTE SUPERIOR DE JUSTICIA.

Presidente Sr. D. D. Vicente Leon
Vocales Sr. D. D. Agustin Cagarra
Sr. D. D. Isidoro Caravedo
Sr. D. D. José Correa Alcantara
Sr. D. D. Gaspar Carrasco, ausente

Sr. D. D. Manuel Fuente Chaves
Sr. D. D. Pedro Antonio Lopez Vidaurre
Interinos Sr. D. D. Juan Antonio Torres
Sr. D. D. José Domingo Salas Valdes
Fiscal Sr. D. D. Mariano Quesada y Valiente
Relatores D. D.

Escribania de camara.

Escribano D. D. José Domingo Salas Valdes
Id. subsidiario y del estado D. Manuel Uriza
Oficial mayor D. Manuel Padierna
Portero D. José Maria Herrada

JUECES DE PRIMERA INSTANCIA.

Trujillo y Huamachuco D. D. Pedro Arrieta
Ajente fiscal D. Hipólito Bracamonte
Cajamarca, Chota y Jaen D. D. Juan Antonio Torres
D. Francisco Herrera, interino
Lambayeque D. Juan Pablo Piedra
Piura D. Santiago Leon

Procuradores.

D. Miguel Solis D. Ignacio Sandoval
D. José Fernando Chaves D. Gaspar Cedron

Escribanos en la capital

Públicos D. Manuel Nuñez Arco
D. Juan de la Cruz Ortega. D. José Victorino Ayllon
Del estado D. Fernando Pezantes
D. Pedro José Chavarri, ausente

Escribanos en las provincias.

Cajamarca D. Juan Manuel Arana, público
D. Mariano Campo, id.
Huamachuco D. Joaquin Sierra, del estado
Lambayeque D. Pedro Pablo Anteparas, público
D. Francisco Pozo, id.
D. José Domingo Casanova, del estado
D. José Matias Delgado id.
Piura D. Manuel Revolledo, público
D. Manuel José Vega, del estado
D. Pedro Pablo Ruesta, de diligencias.

TESORERIA PRINCIPAL.

Tesorero D. Pedro Calderon de la Barca, suspenso

Id. interino D. Andres Archimbaud
Contador D José Maria Lisarzaburu, suspenso
Id. interino D. Pedro Lacomba
Ensayador y fundidor D. José Modesto Vega, ausente
Id. interino D. Manuel Pinillos
Oficial mayor. El que hace de contador
2 D. Manuel Montero Terre
3 D. José Daria Casanova
Id. auxiliares D. José Mollinedo D. Jacinto Maria Rebasa
D. Juan Antonio Mejia D. Pedro Benites
Amanuenses D. Pedro Castillo
D. Diego Linch D. Ildefonso Torres
Portero y contador de moneda D. José Valerino

ADUANA PRINCIPAL DE TRUJILLO.

Administrador D. Miguel Dueñas
Contador D. Andres Archimbaud
Oficial 1 D. Pablo Madalengoytia
2 D. Manuel Rivadeneyra
3 D. José Silva
Vista D. Juan Antonio Bracamonte
Amanuenses D. Silvestre Rodriguez D. Manuel Rodriguez
Escribano D. José Victorino Ayllon
Portero D. Marcos Vargas

Resguardo.

Comandante D. Jacinto Risco
Cabo 1 D. Santiago Mesones
Idem 2 *D.* Francisco Salas. 8 guardas

Resguardo de Pacasmayo.

Teniente comandante D. Manuel Saldaña
Cabo D. Juan Becerra. 2 guardas

ADUANA PRINCIPAL DE LAMBAYEQUE.

Administrador D. Manuel Rivas
Oficial mayor interventor D. José Antonino Monja
Vista El mismo interventor
Amanuense D. Pedro Nolasco Vidaurre
Resguardo. *Comandante* D. Juan Manuel Herrada
Cabo D. Juan Manuel Lopez. 4 guardas

ADUANA PRINCIPAL DE PAYTA.

Administrador D. Manuel Dieguez
Id. jubilado D. Jose Maria Leon

Oficial mayor interventor D. José Maria Ramos, suspenso
Id. interino D. Francisco Garcia
2 D. Rafael Escalona
Amanuense D. Manuel Seminario
Vista D. Manuel Cruzeta
Resguardo. *Comandante D.* Ignacio Maria Herrera
Cabos D. Manuel Garcia D. Pedro Palacios. 6 guardas

TENENCIA DE PIURA.

Teniente administrador D. Estevan Alzaga
Amanuense D. José Toribio Seminario
Guarda almacen D. Antonio Lecuona
Resguardo. *Cabo* D. Juan José Garcia. 2 guardas

TENENCIA DE SECHURA.

Teniente Administrador D. Manuel Andrade, 1 guarda.
Guardacosta de Tumbes D. José Maria Castañeda, susp.
D. Tomas Arellano, interino

M. H. JUNTA DEPARTAMENTAL

Provincias.	SS. DIPUTADOS.
Cajamarca	D. José Clemente Peralta
	D. José Patricio Mesa
Chota	D. José Galvez Paz
	D. Manuel Espino
Huamachuco	D. Manuel Bringas
	D. Mariano Urdapileta
Jaen	D. José Mateo Jimenez
	D. Mariano Hoyos.
Lambayeque	D. Ramon Navarrete
	D. José Gervasio Arrisola
Piura	D. Juan Bautista Otero
	D. José Lama
Trujillo	D. José Domingo Elorriaga
	D.

Secretaria

Secretario Un Sr. diputado
Oficial mayor D. Gregorio de la Rosa
Amanuenses D. José Luis Sobenes D. Juan Manuel Rubio
Ayudante de sala. Teniente graduado D. José Maria Ortega
Portero D. José Rodulfo Vasquez

UNIVERSIDAD DE SANTO TOMAS.

Rector D. D. Pedro José Soto

Cancelario D. D. Pedro José Castillo
Vice-rector, conciliario mayor D. D. Norberto Vega
Conciliario mayor D. D. Pedro Madalengoytia
Id. menores D. Manuel Briagas D. D. Crisostomo Nieto
Procurador D. Pablo Madalengoytia
Tesorero D. Juan Antonio Bracamonte
Secretario D. José Mercedes Vigo
Bedel mayor D. Pedro Marquina y Saldaña
Bedel D. José Gomez
Una biblioteca erijida por supremo decreto de 15 de junio de 1831.

COLEJIOS.

El seminario conciliar en Trujillo

COLEJIO DE CAJAMARCA

Director D. José Diego Zabala
Subdirector D. José Galvez
Rector y catedrático de filosofía D. Juan Fio Burga
Vicerector y *catedrático de latinidad* D. José Manuel Sanchez. Alumnos 70.

COLEJIO DE PIURA

Director D. Pedro Vargas Machuca
Subdirector D. Mariano Garcia
Rector interino D. Domingo Armestar

Cuatro aulas de latinidad en *Chota*, *Contumaza*, *Lambayeque* y *Huamachuco*.

ESCUELAS DE PRIMERAS LETRAS

Por el sistema lancasteriano, 4 en Trujillo, Catacaos, Lambayeque y Sechura. Por el metodo comun 9 en la provincia de Trujillo, 14 en la de Cajamarca, 11 en la de Chota, 10 en la de Huamachuco, 10 en la de Jaen, 16 en la de Lambayeque, y 18 en la de Piura.

HOSPITALES

Uno de hombres y otro de mujeres en *Trujillo*, uno de hombres y otro de mujeres en *Cajamarca*, uno de hombres en *Piura*, otro en *Lambayeque*.

DEPARTAMENTO DE PUNO.

PREFECTURA.

Prefecto Sr. coronel D. Miguel San Roman
Secretario D. José Mariano Escobedo, ausente

Oficial 1 D. Felipe Salazar
2 D. Ramon Oliver
3 D. Mariano Briones
4 D. Francisco Carrasco
Ayudantes de órdenes Sarj. may. grad. D. Marcos Arrospide
D.

SUBPREFECTOS DE LAS PROVINCIAS.

Azangaro Coronel D. Santiago Montesinos
Carabaya D. Mariano Aragon
Chucuito Coronel D. José Maria Helguero
Huancané Id. D. Mariano Ponce
Lampa Id. D. Juan José Salcedo

JUECES DE PRIMERA INSTANCIA.

Azangaro D. D. Juan Antonio Macedo
Carabaya D. D. Bonifacio Deza
Chucuito D. D. Francisco Garate
Huancané D. D. Pedro Miguel Urbina
Lampa D. D. Juan Cazorla, ausente

Escribanos

Puno D. José Felipe Pacheco
Lampa D.

TESORERIA PRINCIPAL

Contador D. Manuel Eusebio Bermejo
Tesorero D. Juan Escobedo
Ensayador D. Mariano Cosio
Su teniente D. Francisco Portugal
Oficial 1 D. Miguel Nuñez
2 D. Pedro Romero
3 D. Dionisio Martinez
4 D. Pedro Garcia
Archivero y portero D. Luis Montes de Oca

Mesa de liquidaciones

Oficial D. Antonio Pizarro

ADUANA PRINCIPAL DEL DESAGUADERO

Administrador D. Pedro Aguirre
Id. jubilado D. Juan Oviedo
Contador D. Mariano Riquelme
Oficial 1 D. Pedro Cueto
2 D. Mariano Borda

3 D. José Rodrigo Cano
Vista D. Manuel Ruperto Esteves

Resguardo.

Comandante D. Manuel Echenique. 4 guardas montados.

TENENCIA DE PUNO

La forman uno de los jefes de la aduana principal alternativamente en cada mes con un oficial.

Receptoria de Guacullani

Receptor D. Pedro Lopez Bedoya. 2 guardas

M. H. JUNTA DEPARTAMENTAL.

Provincias.	SS. DIPUTADOS.
Azangaro	D. Rafael Silva
	D. José Moria Henriquez
Carabaya	D. Manuel Herencia
	D. Francisco Esquiros
Chucuito	D. Julian Zamalloa
	D. Manuel Catacora
Huancané	D. Vicente Velazquez *
	D. Francisco Portugal *
Lampa	D. Marcos Goyzueta *
	D. Mariano Urbiola

Nota. Los ss. que llevan esta señal * componen la comision permanente.

COLEJIO DE LA LIBERTAD.

Catedratico de filosofia y matematicas D. D. José Palacios
Id. de gramática castellana y latina D. Rafael Figueroa.
Administrador de fondos D. Bernardo Casapia
Id. de bienes de comunidad D. Anselmo Arce

Alumnos internos 27 externos 29. 4 sirvientes.

HOSPITAL.

Médico D. José Zuzunaga, ausente
D. Mariano Bueno, interino
Contralor D. Vicente Velazquez
Boticario D. José Llanos
Capellan D. José Maria Ampuero
3 religiosos enfermeros, y 5 sirvientes
Encargado de la conservacion y propagacion del fluido vacuno D. Juan Manuel Tribino

DEPARTAMENTO DEL CUZCO.

PREFECTURA.

Prefecto Sr. coronel de ejército D. Juan Angel Bujanda
Secretario D. D. Francisco de Paula Artajona
Oficial 1 D. José Maria Pacheco.
2 D. José Roza Villamonte
3 D. Juan de Dios Perez
Agregado D. Pedro Pascual Toledo
Ayudantes Sarjento mayor graduado. D. Juan José Garcia
Capitan D. Francisco Gamarra
Un ordenanza.

SUBPREFECTOS DE LAS PROVINCIAS.

Abancay D. Gregorio Quintana
Aymaraes D. José Ruedas
Calca D. Manuel Orihuela
Canas D. Domingo Farfan
Canchis D. Vicente Alarcon
Chumbivilcas D. José Guevara
Cotabambas D. José Maria Corvacho
Cuzco D. Agustin Rosell
Paruro D. Manuel Paz y Tapia
Paucartambo D. Juan José Usandivaras
Quispicanchi D. Dionisio Davila
Urubamba D. Juan Infantas

ILMA. CORTE SUPERIOR DE JUSTICIA.

Presidente Sr D. D. Manuel Torres y Mato
Vocales Sr. D. D. Luciano Maria Cano, ausente
Sr. D. D. Pedro Ignacio Morales
Sr. D. D. Francisco Sotomayor y Galdos
Sr. D. D. Diego Calvo
Sr. D. D. José Gaspar Gavancho
Sr. D. D. José Martin Mujica
Id. interino Sr. D. D. Agustin Garcia Alzamora
Fiscal Sr. D. D Rafael Ramirez de Arellano, ausente
Id. interino Sr. D. D. Juan Pinto y Guerra
Relatores D. D. Pedro José Loayza.
D. Justo Pereyra, interino
Defensor jeneral de menores y ausentes D. D. Francisco de Paula Artajona.

Escribania de cámara.

Escribano D. Pedro Erazquin, sostituto D. Manuel Tejada

Porteros D. Juan Pimentel D. Pedro Gentres
Interpretes D. Matias Arellano D. Pedro Moreno

JUECES DE PRIMERA INSTANCIA.

Cuzco D. D. Miguel Mauricio Vargas
D. D. Eujenio Domingo Yepez
Ajunte fiscal D. D. José Conrado Calderon
Chumbivilcas y Cotabambas D. Miguel Pacheco
Paruro y Quispicanchi D Benito Espinoza
Tinta D. D. Toribio Torres y Salas
Urubamba y Calca D. D. Mariano Noriega, ausente

Procuradores.

D. Pedro José Caller — D. Mariano Parellon
D. Pedro Bueno — D. Francisco Lastra

Escribanos públicos.

D. Pablo Mar y Tapia — D. Juan Clemente Jordan
D. Julian Rodriguez — D. Rafael Villagarcia
D. Eujenio Mar — D. Luis Ramos
Id. del estado D. Julian Tupayachi
Id. de diligencias D. Bruno Marquina

TESORERIA PRINCIPAL.

Tesorero D. Casimiro Lucio Bellota
Contador D. Santiago Tomas Coronel
Id. jubilado D. Agustin Baca
Oficial 1 D. Cosme Sarmiento
2 D. Manuel Carrillo
3 D. Anselmo Suarez Luna
4 D. Agustin Iturriaga
Amanuenses D. Juan Manuel Vera D. Mariano Ludeña
Auxiliar D Juan Tomas Villafuerte
Contador de moneda D. Miguel Galvan
Merino cobrador D. Julian Silva
Dos jubilados
Escribano D. Pablo Mar y Tapia
Portero Manuel Prado
Un ordenanza.

CASA DE MONEDA.

Contaduria.

Contador director Sr. D. Anselmo Centeno
Oficial mayor D. Rafael Galarreta
2 D. Eusebio Palomino

Tesoreria

Tesorero D. Manuel Oribuela
Amanuense y contador de moneda D. Tomas Reyes

Oficina de ensaye, y juzgado de balanza.

Ensayador y juez de balanza D. Bernardo Aguilar

Fielatura y fundicion.

Fiel y fundidor mayor D. Manuel Saldivar
Guardavistas D. José Zapata, D. Hermenejildo Soto
D Francisco Bernales D. Mariano Peso, supernum.

Sala de volantes

Guardacuños D. Narciso Echegaray
Acuñadores D. Eujenio Salor. D. Manuel Lugo

Oficina del grabado

Talla mayor D. Pedro Calderon.
Aprendiz D. Tadeo Ugarte

Diversos destinos

Guardamateriales D. Casimiro Guillen, ausente
Escribano D. Pablo Mar y Tapia
Portero marcador. y de la casa D. Toribio Morales
Carpintero. herrero, cerrajero, y 4 rondines

M. H. JUNTA DEPARTAMENTAL

Provincias.	SS. DIPUTADOS.
Abancay	D.
	D. José Alvarez. suplente
Aymaraes	D. Gregorio Quintana
	D. Tomas Loayza
Calca	D. Mariano Loayza
	D. Manuel Domingo Vargas
Cotabambas	D. D. Estevan Navia
	D. Pedro José Caceres
Chumbivilcas	D. José Guevara
	D. José Cuba
Cuzco	D. Francisco Pacheco
	D. Pablo Mar y Tapia *
Paruro	D. José Calixto Monteagudo *
	D. Pascual Delgado, suplente
Paucartambo	D. José Mateo Cevallos
	D. José Conrado Calderon
Quispicanchi	D. Domingo Farfan
	D. Apolinar Mariano Olarte, suplente *
Tinta	D. Juan Pablo Mercado

D. Manuel Tapia
Urubamba *D.* Juan Romualde Salas
D. Manuel Venero

Secretaria

Secretario Un Sr. diputado
Oficial mayor D. Jose Gervasio Alvarez
Amanuenses D Faustino Zambrano D. Domingo Miranda
Conserje D. Pedro Salas Valdes
Portero D. Miguel Aguilar

Nota. Los ss. que llevan esta señal * componen la comision permanente.

UNIVERSIDAD DE SAN ANTONIO ABAD

Instituida en 1692, y declarada pública por ley de 10 de junio de 1828.

Cancelario D. D. Hermenejildo Vega
Rector D. D. Pedro Pascual Bernales
Vicerector D. D. Martin Macedo

Catedráticos.

Prima de teolojia, y rejente de estudios D.
Prima de cánones D. D. Hermejildo Vega
Derecho civil D. D. Miguel Vargas
Fisica Dr. Fr. Bartolome Duran
Lójica D. D. Mariano Salcedo
Humanidades *D.* Mariano Montesinos
75 doctores, 9 maestros, 23 licenciados, 18 bachilleres
Secretario D. D. Juan Larrauri
Dos bedeles

COLEJIOS.

COLEJIO DE CIENCIAS Y ARTES

Director de estudios Sr. D. D. Manuel Torres Mato
Rector D. D. Francisco Pacheco
Vicerector D. D. José Manuel Puertolas
Rejente D. D. Manuel Carazas
Secretario D. Pedro Rosell

Catedráticos.

Teolojia R. P. Fr. Rafael Garcia
Derecho civil y canónico D. Agustin Galeano
Derecho natural y de jentes D. Carlos Tejada
Medicina clinica D. D. Francisco Pacheco
D. Mariano Andrade, pasante
Fisica experimental y quimia D. Manuel Ayala
Matematicas D. Miguel Ugarte

Filosofia D. D. Mariano Urrutia

Otros profesores y empleados

Idioma latino D. Juan Trisancho
Id. castellano D. Carlos Pacheco
Id. frances D. Francisco Casaneuve
Primeras letras D. Vicente Vera. D. Manuel Parra
Dibujo D. Bartolomé Campo D. Eusebio Miranda
Música D. Felipe Aguilar
Un cobrador, un amanuense, un portero
Alumnos internos 122, externos 180, cursantes de primeras letras 173.

COLEJIO DE EDUCANDAS.

Directora Da. Catalina Cegarra
Maestra de costura Da. Manuela Peralta
Maestro de aritmética D. D. Juan Larrauri
De primeras letras D. Bernardo Mendoza
De dibujo D. Eusebio Miranda
De música D. Felipe Aguilar
Capellan R. P. Fr. Rafael Garcia
Administrador D. Manuel Sanchez Moscoso, provisional
Un amanuense y cobrador
Alumnas pensionistas 23, becas 12, gratuitas 4, externas 120

HOSPITALES

HOSPITAL DE HOMBRES NOMBRADO DEL ESPIRITU SANTO

Administrador D. D. Buenaventura Bocanjelino
Capellan D. Toribio Yabar
Medico cirujano D. D. Ramon Carmona
Enfermero mayor D. Vicente Cardenas
Farmaceutico D. Laurencio Bejar
Dependientes 9: camas 100: renta 8000 ps.

HOSPITAL DE MUJERES NOMBRADO DE SAN ANDRES.

Administrador D. José Maria Ortega
Capellan P. Fr. Francisco Bejar
Médico cirujano D. D. Estevan Navia
Enfermero mayor Fr. Santiago Monteagudo
Farmaceutico D. Mariano Torres.
Dependientes 10: camas 114: renta 7000 ps.

Hay una sociedad caritativa, que cuida de este hospital y del de hombres, compuesta de las primeras personas del lugar.

HOSPICIO DE INVALIDOS Y CASA DE EXPOSITOS

Se está organizando bajo un nuevo plan.

ESTADO ECLESIASTICO

ARZOBISPADO DE LIMA

Se erijió esta Santa Iglesia Metropolitana en 19 de setiembre de 1543, en virtud de las letras apostólicas de la santidad de Paulo III, dadas en Roma á 14 de mayo de 1541, y se dedicó al apostol san Juan Evangelista.

Arzobispo electo Ilmo. Sr. D. D. Jorje Benavente

GOBIERNO ECLESIASTICO

El Ilmo. Sr. Arzobispo electo
Secretario D. D. Manuel Garate

CABILDO ECLESIASTICO

Dean Sr. D. D. José Mariano Aguirre

SS. Dignidades.

Arcediano D. D. José Ignacio Moreno
Chantre D. D. Cayetano Requena
Maestrescuela D. D. Luis Aristizabal
Tesorero D. D. Pedro Nolasco Toro

SS. Canónigos.

D. D. Mariano Tagle
D. Mariano José Arce
D. . . . . *penitenciario*
D. D. Carlos Orbea, *supernumerario*
D. D. Francisco de Pascual y Erazo, *lectoral*

Vacantes las canonjias *majistral y doctoral.*

Racioneros.

D. Ambrosio Cevallos
D. Manuel Escolano Concha
D. Pedro Antonio Lopez
D. D. Mariano Fernandini

Racioneros medios.

D. D. Marcelino Cabero, con honores de canónigo
D. D. Manuel Antonio Urizmendi
D. D. Mariano Avellaneda
D. Manuel Aniceto Corvacho

Secretario capitular D. D. Carlos Orbea

Capellanes de coro.

D. Santiago Navas. D. Juan Hernandez
D. Gregorio Arriaga. D. José Primo Ruiz
D. Francisco Pacheco D. Ignacio Acosta

Sochantres D. Manuel Gonzalez D. Pedro Ramirez
Apuntador de coro. D. Pedro Figueroa

Maestro de ceremonias D. Pedro José Egoaguirre
Sacristanes mayores D. Luis Castillo , D. José Salazar
Zelador y portero capitular D. José Hué
Ecónomo de fábrica D. José Manuel Garrido
Maestro de capilla D. Bonifacio Llaque
Pertiguero D. Manuel Arroyo
Canicularío Estevan Tagle

CURIA ECLESIASTICA

Provisor y vicario jral. D. D. Francisco de Pascual Erazo
Promotor fiscal D. D. Pablo Gonzalez
Notario mayor D. José Erazo

Oficiales de secretaria

Oficial mayor Presbit. D. Tomas Arévalo
1 D. Estevan Saldamando
2 D. José Mesinas.

Notarios públicos.

D. Manuel Lazo
D. José María Quiroga, comisionado para ejecuciones
Presb. *D.* José María Gonzalez
D. Juan Contreras, de dilijencias

JUECES ECLESIASTICOS DE PAZ

D. D. Agustin Bravo de Rueda
D. D. Camilo Antonio Vergara
D. D. Felipe Cuellar
D. D. Ignacio Morales

JUNTA UNIDA DE DIEZMOS

Presidente Sr. Prefecto del departamento
SS. Vocales D. D. Carlos Orbea
D. D. Francisco de Pascual y Erazo
El Fiscal de la Ilma. corte superior
El Contador de la tesorería jeneral
El contador del ramo
Secretario provisional D. Faustino Olaya

Contaduria y tesoreria.

Contador D. Andres Riquero
D. D. Manuel Urquijo, substituto
Tesorero D. D. Carlos Lizon
Oficial mayor D. Eujenio Aizcorbe

Nota. Se omite la razon de los curatos del arzobispado, por las variaciones que han de ser consiguientes la presente concurso.

CONGREGACION DEL ORATORIO.

Preposito interino P. D. Juan Torres

SEMINARIO CONCILIAR DE SANTO TORIBIO

Rector Sr. D. D. José Mariano Aguirre
Vicerector D. Agustin Rato
Rejente D. D. Mateo Aguilar
Secretario D. D. Juan de Dios Cortes

Maestros.

Teolojia dogmatica D. Juan de Dios Cortes,
Teolojia moral Sr. rector
Derecho natural, civil y canónico id.
Filosofia D. D. Pablo Rodriguez D. José Dapelo
Matematicas D. Agustin Rato
Latinidad y Retórica D. Tomas Arana
Alumnos internos 40, externos 39.

CONVENTOS DE REGULARES.

En Lima. *Santo Domingo* R. P. M. Fr. Lázaro Cubillas
Recoleta Dominica. Prior R. P. M. Fr. Manuel Cruz Sol
S. Francisco. Guardian R. P. Fr. Ignacio Guzman
Descalzos. Presidente R. P. Fr. Juan José Vargas
San Agustin. Prior R. P. Fr. Manuel Arriagada
Merced. Comendador R. P. Fr. Lorenzo Eraunzeta
Buenamuerte P. Toribio del Rio
San Juan de Dios. Prior P. Fr. José Aguilar
Betlemitas. Presidente Fr. Francisco Salesio
Refugio. Presidente Fr. José de la Santisima Trinidad
En Ica. *S. Francisco. Guardian* P. Fr.
S. Agustin. Prior P. Fr. José Fernandez
S. Juan de Dios. Prior Fr. Pedro Bauzá

Capellanes de conventos supresos.

En Lima. *Santo Tomas* R. P. Fr. Pedro José Fajardo
Santuario de Santa Rosa R. P. Fr. Anjel Vicente Zea
Guadalupe D. Fernando Ayuso
Belen D. Pedro Bravo.
Guia D. Juan Sanchez
Santa Liberata D. Luis Valle
Monserrate D. Tiburcio Nieto
San Francisco de Paula Fr. Francisco Arredondo
San Pedro Nolasco D. José Bazan.
Monasterio de Santa Teresa D. Luis Castillo

En Cañete. *S. Francisco* D.
S. Agustin D. Juan Renedo
En Chincha baja. *Sto. Domingo* á cargo del Párroco
En Nasca. *S. Agustin* D. José Arias

MONASTERIOS

Concepcion. Abadesa R. M. Sor. Magdalena Vergara
Encarnacion id. R. M. Sor. Bernardina Chaves
Descalzas id. R. M. Sor. Manuela Dominguez
Santa Clara id. R. M. Sor. Manuela Dueñas
Capuchinas id. R. M. Sor. Teresa Barrera
Sta. Catalina. id. R. M. Sor. Paula de S. José Urquizu
Carmen. Priora R. M. Sor. Serafina del Carmen
Nazarenas id. R. M. Sor. Maria Mercedes de la Natividad
Prado id. R. M. Sor Maria de Jesus Nazareno
Santa Rosa. id. R. M. Sor. Isabel de los Dolores
Trinidad: Abadesa R. M. Sor. Rosa Erazo
Trinitarias. Mtra. R. M. Sor. Jertrudis de la SS. Trinidad
Mercedarias. Presid. R. M. Sor. Clara de la SS. Trinidad

BEATERIOS

En Lima. Los de *Amparadas, Copacavana, Patrocinio* y *Viterbo.*
En Ica el del *Socorro*

OBISPADO DE AREQUIPA.

Esta Santa Iglesia fué erigida en sede episcopal por bulas del Sr. Paulo V. expedidas en Roma á 20 de julio de 1603, y 16 de enero de 1612: en virtud de ellas se desmembráron del obispado del Cuzco en 1614 las provincias que hoy forman el de Arequipa.

Obispo Ilmo. Sr. D. D. José Sebastian de Goyeneche y Barreda, Prelado doméstico de S. S. y asistente al solio pontificio.

Secretaria.

Secretario D. D. Eusebio Nieto
Prosecretario D. José Antonio Salas

CABILDO ECLESIASTICO

Dean Sr. D. D.

SS. Dignidades

Arcediano D. D José Feijoo
Chantre D. D. Manuel Rivero

Maestrescuela D. D. Manuel Menaut
Tesorero D. D. Santiago Ofelan

SS. Canónigos

D. D. José Maria Lunavictoria
D. D. Dámaso José Rodriguez
D. D. Mateo Joaquin Cosio, *majistral*
D. *doctoral*

Racioneros

D. Pedro José Corrales
D. Mariano Bello

Capellanes de coro

L. D. Manuel José Pino D. Francisco Caceres
D. José Isidro Montufar D. Francisco Alvear
D. Manuel Lizarraga

Apuntador D. Juan Quintanilla
Maestro de ceremonias D. José Isidro Montufar
Sacristan mayor D. Basilio Cornejo
Maestro de capilla D. Diego Llanos
Pertiguero D. Juan de Dios Arce
Economo de fabrica D. Fernando Rivero

CURIA ECLESIASTICA

Provisor D. D. Manuel Menaut
Promotor fiscal L. D. Manuel José Zaconeta
Notario mayor D. D. Mariano Felipe Diaz
Notarios cursores D. Ignacio Morales
D. Jorje Manuel Cervantes D. Cipriano Cervantes
D. Juan de Dios Bolaños

JUECES ECLESIASTICOS DE PAZ.

D. Antonino Gregorio Tamayo D. Mariano Masias

JUNTA UNIDA DE DIEZMOS

Presidente Sr. Prefecto del departamento
SS. Vocales Uno de la corte superior de justicia
El fiscal de la misma
D. D. José Feyjoo
D. D. Santiago Ofelan
D. Mariano Gabriel Paredes, administrador del tesoro

Tesoreria y contaduria

Tesorero Los dos vocales del coro
Contador L. D. Pedro José Barriga
Oficial 1 D. Leon Gordillo

2 D. Martin Lizarraga
3 D. Mateo Espinoza
Escribano D. Matias Morales
Portero D. Mariano Olazabal

CURAS EN LA CAPITAL Y SUBURBIOS

Sagrario D. Luis Gatula Iglesias
D. D. Narciso Velazquez, interino
Santa Marta D. Antonino Gregorio Tamayo
Yanaguara P. Fr. Jerónimo Cabero
Cayma D. Mariano Garcia Rodriguez, interino
Paucarpata D. José Toribio Taborga, interino
Characato D. D. Eusebio Nieto, coadjutor D. Matias Mazuelo
Tio D. Mariano Masias, interino
Tiabaya D. Agustin Romero de la Coba
Pocsi D. José Cayetano Tejeda
Chiguata D. José Marcelino Paz, coadjutor P. Fr. Juan de Mata Rivera
Sabandía D. José Mario Carpio, interino
Tambo D. Juan de la Cruz Hurtado, interino
Uchumayo D. Diego Rodriguez
Vitor D. Melchor Geldres

CURAS EN LAS PROVINCIAS FORANEAS

Moquegua.

Moquegua D. D. Juan Antonio Montenegro, vicario juez eclesiastico
D. José Maria Delgado
Torata D. Francisco Javier Benavides
Ilo D. José Manuel Villanueva
Carumas D. Manuel Fernando Salas

Puquina.

Puquina D. D. José Francisco Ureta V. J. E.
Omate D. Bartolomé Manrique
Ubinas D. Manuel Bernedo, coadjutor D. Francisco Arenas
Ichuña D. Sebastian Herrera

Arica.

Arica D. Pedro José Velez, coadjutor D. José Bernardino Perez V. J. E.
Codpa D. Mariano Bruno Valcarcel

Belen D. D. Francisco Velez de Guevara

Tacna.

Tacna D. Manuel Centeno V. J. E.
Tarata D. Mariano Ramirez, interino
Sama D. Mariano Alvarado
Ilabaya P. Fr. Felipe Laclara, interino
Candarave D. José Ignacio Cardenas

Tarapacá.

Tarapacá D. Gregorio Morales V. J. E.
Pica D. D. Miguel Garcia Paredes, coadjutor D. Bernardo Morales
Sibaya D. Mariano Zamudio
Camiña D. Calixto Zamora

Camaná.

Camaná D. D. Marcos Grados V. J. E.
Ocoña D. Juan Segura. coadjutor D. José Lucas Ubalde
Quilca D. Pantaleon Zuñiga
Siguas D. D. Manuel Teodoro Leyva, interino

Caravelí.

Caravelí D. D. Mariano Hipolito Paredes, V. J. E.
Chala D. Mariano Antonio Bejarano
Acarí D. José Apolinar Suarez

Chuquibamba.

Chuquibamba D. D. Manuel Alejandro Grados, interino V. J. E.
Pampacolca D Faustino Vera Portocarrero
Viraco D. D. José Mariano Recabarren, encargado D. Matias Mares
Salamanca D. Juan Noriega, coadjutor D Felix Valdivia
Andaray D Mariano Alejo Choquehuanca
Andagua D Clemente Almonte
Chachas D. José Felipe Cegarra, interino
Ayo D. Fernando Zuñiga
Huancarqui D. Felix Matias Loayza

Caylloma.

Caylloma D Hermenejildo Vizcardo V. J. E. coadjutor P. Fr. Julian Gordillo
Cayarani D. Manuel Martinez Begazo
Tisco P. Fr. Pedro Castilla, interino
Callalli D. José Mauricio Herrera, interino

Tutisibaya D. Ildefonso Almonte

Maca.

Maca D. Pedro Lozada V. J. E.
Yanque D. Feliciano Vera Portocarrero
Chivay D. José Felix Delgado, interino
Coporaque P. Fr. Felipe Alvarez, interino
Madrigal D. Silvestre Garcia Paredes
Achoma D. Jacinto Cardenas, coadjutor P. Fr. Juan Bautista Calonje

Cavanaconde.

Cavanaconde D. Carlos Avalos V. J. E.
Choco D. Eujenio Carpio
Lluta D. Juan Pablo Gomez

SEMINARIO CONCILIAR DE SAN JERONIMO.

Rector D. D. Narciso Velazquez
Vicerector y rejente de estudios D. D. Pedro Flor
Catedratico de derecho D. D. Domingo Bustamante
De teolojia D. D. Pedro Flor
De matemáticas Br. D. Silverio Garzon
D. Pedro José Bustamante D. José Isidro Ubalde
De latinidad y retórica D. Valeriano Bustamante
Administrador D. Miguel Pereyra Pacheco
Alumnos internos 33, externos 74

CONVENTOS DE REGULARES

Sto. Domingo. Prior P. Fr. Mariano Torre y Salas. Relijiosos 43.
Merced. Comendador P. Fr. José Lucas Barranco Relijiosos 33
San Francisco. Guardian R. P Fr. Bernardo Cabrera. Relijiosos 48
Recoleccion Franciscana. Presidente R. P. Fr. Anjel Carrillo. Relijiosos 30
Hospitalarios de San Juan de Dios. Prior P. Fr. Juan Cegarra. Relijiosos 14

MONASTERIOS

Santa Catalina. Priora R. M. Sor. Manuela Rivero Relijiosas 42
Carmelitas descalzas. Priora R. M. Sor. Jertrudis Guillen Relijiosas 18
Santa Rosa. Priora R. M. Sor. Lucia Ruiz. Relijiosas 24

BEATERIOS

Los de *Franciscanas* y *Recojidas*

OBISPADO DE AYACUCHO

Esta Santa Iglesia fué erijida en sede episcopal por bulas del Sr. Paulo V, expedidas en 20 de Julio de 1609, y 16 de enero de 1612.

Obispo electo Ilmo. Sr. D. D. Javier Luna Pizarro.

GOBIERNO ECLESIASTICO.

Sr. D. D. José Gregorio Barrenechea

Secretario D. Ambrosio Riveros

CABILDO ECLESIASTICO.

Dean Sr. D. D. José Gregorio Barrenechea

SS. Dignidades.

Arcediano D. D. Anjel Pacheco ausente

Chantre D. D. José Pastor Leon, ausente

SS. Canónigos.

D. D. Raymundo Gomez Arriaran, *penitenciario*

D. D. José Agustin Larrea, *majistral*

D. D. Antonino Francesqui

Racioneros.

D. José Maria Munarriz

D. Jacobo Lopez

Secretario capitular D. Isidro Miranda.

Capellanes de coro.

D. Pedro Pablo Arca. D. Vicente Loayza.

Sacristan mayor D. Isidro Miranda

Maestro de ceremonias D. Antonio Cervantes.

Ecónomo de fabrica D. Juan Frias

Pertiguero y Portero capitular D. D. José Almonae id

CURIA ECLESIASTICA.

Provisor y vicario capitular D. D. José Gregorio Barrenechea.

Promotor fiscal D. Juan Garcia

Notario mayor D. Calixto Rivera

Id. de dilijencias D.

JUECES ECLESIASTICOS DE PAZ

D. José Maria Munarriz D. Antonio Cervantes

JUNTA UNIDA DE DIEZMOS.

Presidente Sr. Prefecto del departamento

SS. vocales D. D. José Agustin Larrea
D. Antonino Francesqui
D. José Maria Roman, administrador del tesoro
D. Pablo José Ruiz, defensor interino
D. Manuel Garcia, contador del ramo
Escribano D. Estevan Morales

CURAS DE LA CAPITAL Y SUBURBIOS

Sagrario D. Mariano Garcia Espinoza
Santa Maria Magdalena D. Casimiro Cervantes
Santa Ana D. Juan Garcia
San Juan Bautista D. Manuel Sanchez interino.
Chiara D. José Palomino
Cachinvinchos D. Eusebio Jayme
Santiago D. Francisco Lagos, interino
Tambillo D. D. Clemente Palomino
Quinua D. Feliciano Calderon
Pacaycasa D. Francisco de Paula Muñoz

VICARIOS DE LAS PROVINCIAS
y jueces de paz.

Andahuaylas D. Atanasio Macedo curatos 12
Angaraes D. D. José Antonio Lopez Bellido 13
Castrovireyna D. D. Manuel Renteros 10
Huancavelica D. José Moron 4
Huanta D. Mariano Remijio Soto 9
Lucanas D. Manuel Tincopa 13
Parinacochas D. D. Francisco Gutierrez 7
D. Melchor Canales 7
Tayacaja D. Mariano Buleje 8
Vilcashuaman D. Blas Cordero. 11

SEMINARIO Y UNIVERSIDAD DE SAN CRISTOVAL

Reunidos por supremo decreto de 14 de noviembre de 1825
Rector de la universidad y colegio D. D. José Agustin Larrea
Canciller El provisor y vicario capitular
Vice rector de la universidad D. D. Fermin Pando
Id del colejio D. D. Marcelino Cavero
Secretario de la universidad y colejio D. Ramon Aspur

Catedraticos.

Teolojia Dogmatica D.
Teolojia Moral El rector

Derecho natural, civil, y canonico D. Pablo Cardenas
Matematicas y Filosofia D. D. José Alvar
Gramática latina D. Roman Aspur
Gramática castellana D. Severino Valdivia
Alumnos internos 52, externos 96

CONVENTOS DE REGULARES

Cuatro supresos

MONASTERIOS

Santa Clara. Abadesa R. M. Melchora Castro. Relijiosas 21
Santa Teresa. Priora R. M. Sor. Manuela del Sacramento. Relijiosas 15

OBISPADO DEL CUZCO.

Esta Santa Iglesia fué erijida en sede episcopal, y dedicada á la Asuncion de Nuestra Señora en 5 de setiembre de 1538 por el Sumo Pontifice Paulo III
Obispo Ilmo Sr. D. D. Fr. José Calixto Orihuela, ausente de la diocesis

GOBIERNO ECLESIASTICO

Sr. D. D. Hermenejildo Vega
Secretario D. D. Pedro José Montes
Oficial 1 D. José Jorje Santistevan

CABILDO ECLESIASTICO

Dean Sr. D. D. Miguel Orozco

SS. Dignidades.

Arcediano D. D. Juan de Mata Becerra
Chantre D. D. Pedro Pascual Bernales
Tesorero D. D. Justo Sahuaraura

SS. Canónigos.

D. D. Juan Gualberto Mendieta
D. D. Bartolomé Bobadilla
D. D. Manuel Carazas, *majistral*
D. D. *penitenciario*

Racioneros.

D. D. Anselmo Orihuela.
D. D. Marcos Farfan, *secretario capitular*

Racioneros medios

D. D. Mariano Santos
D. D. Antonio Córdoba

Capellanes de coro.

D. Buenaventura Abarca D. Miguel Medina
D. Mariano Villena D. Antonio Tejeira
D. D. Manuel Hermosa D. Mariano Collado
D. Mauricio Collado D. José Miguel Rodriguez
Maestro de ceremonias D. Manuel Gallegos
Sacristan mayor D. Antonio Tejeira
Maestro de capilla Fr. Manuel Masias
Sochantre D. Manuel Cabañas
Pertiguero y portero capitular D. Gregorio Orihuela
Ecónomo de fábrica D. Rafael Silva

CURIA ECLESIASTICA.

Provisor D. D. Miguel Aranibar
Promotor fiscal D. D. Mariano Becerra
Notario mayor D. D. Antonino Rodriguez
Notarios cursores D. Pedro Pineda D. Francisco Torre
D. Julian Sanchez D. Marcos Ferro

JUECES ECLESIASTICOS DE PAZ.

D. D. Antonio Cordoba D. D. Rafael Cazorla

JUNTA UNIDA DE DIEZMOS.

Presidente Sr. Prefecto del departamento
SS. vocales D. D. Agustin Cosio
D. D. Juan Pinto, fiscal
D. D. Justo Sahuaraura
D. D. Marcos Farfan
D. Tomás Coronel, administrador de la tesoreria
D. Estevan Navia, contador del ramo
Escribano D. Pablo Mar y Tapia

CURAS DE LA CAPITAL Y SUBURBIOS.

Sagrario D. D. Pedro José Martinez
D. Felipe Torres
Santiago D. D. Mariano Salcedo
Hospital D. D. Rafael Cazorla
Belen D. D. Toribio Carrasco
San Blas D. Vicente Cabrera
Santa Ana D. Buenaventura Bocanjelino
San Cristoval D. Bartolomé Betanzos
San Sebastian D. Casimiro Cabañas
San Jerónimo D. Pablo Mogrovejo

VICARIOS DE LAS PROVINCIAS.

Departamento del Cuzco.

Abancay D. D. Miguel Aranibar
Aymaraes D. D. Manuel Morales
Cotabambas D. Gaspar Rozas, juez de paz
Calca D. Marcelino Torres
Chumbivilcas D. D. Ramon Leayza
Paruro D. D. Fermin Palomino, juez de paz
Paucartambo. D. D. Francisco Loayza
Quispicanchi D. D. Marcos Lezama.
Tinta D. D. Eujenio Mendoza
D. D. Agustin Pio de Herencia
Urubamba D. Domingo Torreblanca

Departamento de Puno.

Vicario jeneral D. Pedro Crisologo Santos
Azangaro D. D. Patricio Ortiz
Carabaya D. D. Bonifacio Deza
Chucuito D. D. Vicente Gabriel Vicenteli, juez de paz
Huancané D. Miguel Mantilla
Lampa D. Pedro Martinez Camacho

SEMINARIO CONCILIAR DE SAN ANTONIO ABAD.

Está incorporado en la universidad de este nombre.

CONVENTOS DE REGULARES.

Santo Domingo. Prior R. P. Fr. José Antonio Ortiz.
San Francisco. Guardian R. P. Fr. Blas Victoria
Recoleta. Id P. Fr. Mariano Camacho
Merced. Comendador R. P. Fr. Celedonio Echeverria

MONASTERIOS.

Santa Teresa. Priora M. Maria Carmen Rodriguez
Santa Catalina: Id M. Petrona Pancorbo
Santa Clara. Abadesa M. Dominga Martinez.

BEATERIOS.

Nazarenas, San Blas, Santa Rosa, Belen, Santo Domingo.

OBISPADO DE TRUJILLO.

Esta Santa Iglesia se erijió en sede episcopal por bula del Sr. Paulo V. expedida en 20 de Julio de 1609.

Obispo electo Ilmo. Sr. D. D. Tomas Dieguez

GOBIERNO ECLESIASTICO.

Sr. D. D. Juan Ignacio Machado

Secretario D. Fernando Pezantes
Oficial mayor D. Juan Antonio Mejia

CABILDO ECLESIASTICO.

Dean Sr. D. D. Juan Ignacio Machado

SS. Dignidades.

Arcediano D. D.
Chantre D. D. Gaspar Nieto Polo
Maestrescuela D. D. Pedro José Castillo

SS. Canónigos.

D. D Pedro José Soto, *majistral*
D. D. José Hijinio Madalengoytia
D. Jose Perea
D. D. Pedro Madalengoytia, *dectoral*

Racioneros.

D. José Maria Monzon
D. José Manuel Zagastegui

Secretario capitular D. José Mercedes Vigo

Capellanes de coro

D. Narciso Martinez D. José Enrique Aguilar
D. Juan José Garcia D. Francisco Gonzalez

Maestro de ceremonias D. José Tomas Mateus
Sacristan mayor D. José Mercedes Vigo
Sochantre D. Mariano Letória
Ecónomo de fabrica D. José Modesto Vega
Maestro de capilla D. Julian Silie
Pertiguero, y portero capitular D. José Gomez

CURIA ECLESIASTICA

Provisor Sr. D. D. Juan Ignacio Machado
Promotor fiscal D. D. Pedro Montero Torre
Notario mayor D. Fernando Pezantes
Id. público D. Juan Antonio Mejia
Id. de dilijencias D. Pedro Urquiaga
D. Juan Manuel Rubio

JUECES ECLESIASTICOS DE PAZ.

D. Martin Quevedo
D. José Mercedes Vigo

JUNTA UNIDA DE DIEZMOS.

Presidente Sr. Prefecto del departamento
SS. vocales Uno de la Ilma. corte superior
El fiscal de la misma

D. D. Juan Ignacio Machado
D. D. Pedro José Castillo
Uno de los administradores del tesoro público.
El contador del ramo.

Contaduria.

Contador D. Baltasar Nieto Polo
Oficial mayor D. José Lacomba
Amanuense D. José Manuel Alcantara
Escribano D. Manuel Nuñez Arco

CURAS DE LA CAPITAL Y SUBURBIOS.

Sagrario D. D. Pedro Montero Torre
San Sebastian D. Martin Quevedo
Cimbal D. José Adrian Callirgos
Virú D. D. Nicolas Tejeda.
Manciche y Huanchuco D. Fermin Adrianzen
Santiago de Cao D. Manuel Santiago Sanjiao
Magdalena de Cao D. Juan de Dios Oyarzun
Chocope D. José Benito Chaves
Facalá D. Juan de Dios Davila
Paijan D. Eusebio Mayora

VICARIOS DE LAS PROVINCIAS

Cajamarca D. Miguel Solano curatos 13
Chota D. José Martin Perales 9
Huamachuco D. José Maria Arriaga 19
D. Miguel Carpio, suplente
Jaen D. Fernando Risco 5
Lambayeque D. Toribio Chirinos, suplente 15
Piura D. J. Santos Vargas Machuca 18

SEMINARIO CONCILIAR DE SAN MARCOS Y SAN MARCELO.

Director D.
Rector D. D. Pedro José Soto
Vicerector D. Narciso Martinez
Catedrático de teolojia y moral El rector
De filosofia El vicerector
De matemáticas, y filosofia D. José Ignacio Huidobro
De jeografia, historia, lenguas, y dibujo D. Manuel Alejandro Quadra
De gramática y latinidad D. José Clemente Peralta
Secretario D. José Eujenio Torre
Administrador económo D. Silvestre Quadra
Colejiales internos 42, externos 52

CONVENTOS DE REGULARES

Uno de *Franciscanos*, y otro de *Bellemitas*

MONASTERIOS

Uno de *Franciscanas* de Santa Clara, otro de *Carmelitas*.
Uno de *Franciscanas* recoletas en Cajamarca.

OBISPADO DE CHACHAPOYAS.

Obispo Ilmo. Sr. D.

GOBIERNO ECLESIASTICO

Gobernador Sr. D. D. José Eusebio Casaverde
Secretario D. Evaristo Tafur de Cordova
Oficial mayor D. Alejo Noriega
Sacristan mayor y maestro de ceremonias D. Tomas Valdés, interino
Ecónomo D. Juan Santillan

CURIA ECLESIASTICA

Provisor Sr. D. D. José Eusebio Casaverde
Promotor fiscal D.
Notario mayor D. Evaristo Tafur de Cordova
Id. público D. Santiago Carrasco
Id. de diligencias D. Juan Encina

JUECES ECLESIASTICOS DE PRS.

Chachapoyas D. Jerónimo Daza, cura del Sagrario
Patáz D. Juan Mori, interino
Moyobamba D. Juan Servando Alban, interino

VICARIOS DE LAS PROVINCIAS.

Chachapoyas curatos 16
Patáz D. Francisco Palavicino id. 3
Maynas D. Juan Servando Alban id. 4
En las misiones altas D. Julian Castillo Rengifo

CONVENTOS DE REGULARES,

Dos supresos

ESTADO MILITAR.

JEFE SUPREMO.

El Presidente de la República

Jeneralisimo honorario de las armas.

Excmo. Sr. D. José de San Martin, fundador de la libertad del Perú

OFICIALES JENERALES DEL EJERCITO.

Grandes Mariscales.

Sr. D. Bernardo O-Higgins
Sr. D. Andres Santa Cruz
Benemerito Sr. D. Agustin Gamarra

Jenerales de Division.

B. Sr. D. Mariano Necochea
B. Sr. D. Guillermo Miller
Sr. D. Antonio Gutierrez de la Fuente
Sr. D. Blas Cerdeña
Sr. D. Juan Bautista Elespuru

Jenerales de Brigada.

Sr. D. Domingo Tristan
Sr. D. José Rivadeneyra
B. Sr. D. Francisco de Paula Otero
Sr. D. Juan Salazar
B. Sr. D. Manuel Martinez Aparicio
B. Sr. D. Juan Pardo Zela
B. Sr. D. José Maria Plaza
Sr. D. Luis José Orbegoso
Sr. D. Domingo Orue
Sr. D. Pedro Antonio Borgoño
Sr. D. Francisco Vidal
B. Sr. D. Pedro Bermudez
Sr. D. Juan José Salas
Sr. D. José Maria Eguzquiza
B. Sr. D. José Maria Raygada
B. Sr. D. Domingo Nieto
B. Sr. D. Manuel Vargas
Sr. D. José Maria Frias
Sr. D. José Mansueto Mansilla

Auditor jeneral de guerra Sr. D. Manuel Ignacio Garcia

TRIBUNALES MILITARES.

CORTE SUPREMA MARCIAL.

Restablecida por decreto de 14 de diciembre de 1830

Consta de la excma. corte suprema de justicia con los adjuntos SS. jenerales

B. Vice almirante D. José Pascual Vivero

Jeneral de brigada D. Domingo Tristan

Tribunal de tercera instancia.

Presidente Sr. Jeneral de brigada D. José Rivadeneyra, en la convencion.

Sr. Contra almirante D. Eujenio Cortes, interino

SS. vocales Jeneral de brigada D. José Maria Eguzquiza

D. D. José Maruri de la Cuba

D. D. Manuel Ruiz de Pancorbo

D. D. Julian Piñeyro

Id. de segunda instancia.

Presidente Sr. Jeneral de brigada D. Manuel Martinez Aparicio

SS. Vocales D. D. Tomas Forcada

D. D. Jerónimo Aguero

Escribano D. Jerónimo Villafuerte

Juzgado de primera instancia.

Sr. Coronel D. Prudencio Zufriategui

Sr. Auditor jeneral de guerra

Escribano D. Simeon Ayllon Salazar

ESTADO MAYOR NACIONAL.

Organizado por supremo decreto de 31 de diciembre de 1829. Su uniforme, casaca azul turquí sin solapa, cuello y vuelta carmesí, pantalon blanco, sombrero con galon de oro, hasta la clase de segundos ayudantes: cordones de oro al hombro derecho desde la de primeros hasta la de adjuntos; diferenciandose ademas entre sí el uniforme de todas las clases en los distintivos que particularmente señale el decreto de 30 de febrero de 1830.

Jefe Sr. Ministro de estado del despacho de guerra

Sub-jefe Sr.

Ayudantes jenerales.

SS. Coroneles D. José Allende encargado del despacho

D. Juan Pablo Fernandini, comisionado en Méjico

D. Juan Mendiburu

Primeros ayudantes.

Sr. Coronel graduado D. Francisco Valle Riestra
Tenientes coroneles B. D. Manuel Espinoza
B. D. José Ildefonso Coloma
D. José Palma

Segundos ayudantes.

Tenientes coroneles graduados B. D. Julio Montes
D. Marcelo Romero
Sarjentos mayores B. D. Pablo José Delgado
D. Eleuterio Aramburu
B. D. Manuel Layseca
D. Agustin Jaramillo
D. Manuel Mendiburu
D. José Noriega
Teniente coronel graduado D. Francisco Javier Panizo.
Sarjento mayor D. Juan José Donayres

Adjuntos

Sarjento mayor B. D. Manuel Carrasco.
Id. graduado B. D. Mariano Zamora
Capitanes D. Julian Ugarte D. Francisco Corte
Sarjento mayor graduado D. Juan Mendiburu
Capitan B. D. José Buenaventura Palma
Teniente D. José Camilo Ramirez
Agregado al E. M. N. sarjento mayor D. Pedro Vidaurre

Nota. Estos jefes y oficiales existen distribuidos en los estados mayores divisionarios y otras comisiones.

Fiscales permanentes

Sarjentos mayores B. D. Juan Antonio Pezet
D. Juan Saavedra

INJENIEROS.

El uniforme de los injenieros es casaca azul turqui, cuello y vuelta morada con vivo grana, castillos bordados en el cuello, pala y zapa en los remates, galon y tres ojales bordados en la botamanga, sombrero con galon de oro.

Sr. Coronel B. D. Manuel Porras
Teniente coronel D. Francisco Cañas
Sarjento mayor B. D. Manuel Pando
Teniente D. Francisco Cañas
Subteniente D. José Castañon

ARTILLERIA.

El uniforme de este cuerpo es casaca larga azul, cuello, vuelta, forro y vivos encarnados, siete ojales de oro al pecho, tres en la botamanga y tres en las carteras, granadas en el cuello y remates, pantalon azul con dos galones estrechos sobre la costura, morrion de paño negro con cordones de oro, plumero encarnado. Los jefes y oficiales de plana facultativa sombrero con galon de oro. Las compañias volantes usan casaca corta, schabrag, y maleta azul con galon amarillo.

Comandancia jeneral.

Comandante jeneral B. Sr Coronel D. Manuel Porras.
Secretario Sarjento mayor B. D. Pedro Diaz

Plana facultativa.

Sarjento mayor D. José Alvarez Tomas.
Capitan B. D. Manuel Ruiloba

Brigada de artilleria.

Fué creada en 1821 y consta actualmente de dos compañias de à caballo y dos de á pie.

Comandante Teniente coronel B. D. José Antonio Barrenechea
Sarjento mayor B. D Enrique Pareja

Fábrica de pólvora.

Subdirector Comisario honorario D. Simeon de la Rosa
Capitan de labores B. D. Antonio Alban

COMANDANTES JENER. DE DEPARTAMENTO.

Amazonas Sr. coronel B. D. Pedro José Torres
Arequipa Sr. jeneral de brigada D. Juan José Salas
Ayacucho Sr. jeneral de brigada D. José Maria Frias
Cuzco Sr. coronel D. Juan Anjel Bujanda
Junin Sr. coronel D. Ramon Echenique
Libertad Sr. jeneral de brigada D. Francisco Vidal
Puno Sr coronel D. Miguel San Roman

DIVISIONES DEL EJERCITO.

PRIMERA DIVISION DE INFANTERIA.

Comandancia jeneral Sr. jeneral de division D. Juan Bautista Eléspuru.

SEGUNDA DIVISION DE INFANTERIA.

Comandante jeneral Sr. jeneral de brigada B. D. Francisco Vidal.

DIVISION DE CABALLERIA.

Comandante jeneral Sr. jeneral de brigada D. Juan José Salas.

CUERPOS DE INFANTERIA.

BATALLONES.

Ayacucho 1. ° *de linea.*

Fué creado en 1821. Su uniforme, casaca, barras, y porte zuela grana con vivos azules, cuello, y vuelta azul, con vivos grana, boton dorado, y pantalon blanco sobre botin, como todos los demas cuerpos del ejercito.

Comandante Sr. Coronel D. Juan Bautista Arguedas.

Sarjento mayor D. Gregorio Espinoza.

Cazadores de Ayacucho, 1. ° *lijero*

Fué creado en 1821.

Comandante Teniente coronel D. Josè Rufino Echenique

Sarjento mayor El graduado de teniente coronel D. Juan Antonio Ugarteche.

Pichincha 3. ° *de linea.*

Fué creado en 1822. Su uniforme, casaca, barras, y portezuela grana con vivos celestes, cuello y vuelta celeste con vivos grana.

Coronel B. D. Miguel San Roman.

Comandante Teniente coronel B. D. José Antonio Merino

Encargado del detall Ten. coronel B. D. Julian Montoya.

Zepita 4. ° *de linea.*

Fué creado en 1827. Su uniforme, casaca, barras, y portezuela azul, cuello y vuelta celeste, vivos grana.

Comandante Teniente coronel B. D. Juan Crisóstomo Torrico.

Sarjento mayor D. Miguel Rivas.

2. ° *Pichincha* 5. ° *de linea.*

Fué creado en 1827. Su uniforme, casaca, barras, y portezuela grana con vivos amarillos, cuello y vuelta amarilla con vivos grana.

Comandante Sr. Coronel D. Clemente Ramos.

Sarjento mayor D. Bernardo Bermudez,

Cuzco fiel á la Patria, 2. ° *lijero.*

Fuè creado en 1830. Su uniforme, casaca, barras y portezuela azul, cuello, y vuelta verde con vivos anteadoos.

Comandante Sr. Coronel B. D. Juan Bautista Zubiaga.
Sarjento mayor B. D. José Gallangos

Pullunchara 7. ° *de linea.*

Fué creado en 1833.
Comandante Teniente coronel D. José Quiroga.
Sarjento mayor B. D. Pascual Leon

CUERPOS DE CABALLERIA.

REJIMIENTOS

Húsares de Junin, 1. ° *de linea.*

Fué creado en 1821. Su uniforme, dorman carmesí con cuello, y vuelta celeste, pelliza celeste, y pantalon azul bordado, morrion de pelo con manga y cordones carmesies, maleta y schabrag azul con dos galones amarillos.
Comandante Teuiente coronel D. José Miguel Medina.
Sarjento mayor D. Mariano Torre.

Granaderos del Callao, 2. ° *de linea.*

Fué creado en 1824. Su uniforme, casaca grana husareada sin barras, cuello y vuelta verde con vivos amarillos, morrion de pelo con manga y cordones amarillos, maleta y schabrag verde con galon amarillo.
Comandante Teniente coronel B. D. Manuel Espinoza.
Sarjento mayor D.

Dragones de honor, 3. ° *de linea.*

Fué creado en 1827. Su uniforme, casaca sin barras, cuello y vuelta azul con vivos grana, casco de zuela, maleta y schabrag azul con galon amarilo.
Comandante Teniente coronel B. D. Camilo Carrillo.
Sarjento mayor D.

Lanceros de Piquisa, 4. ° *de linea.*

Fué creado en 1827. Su uniforme, polaca verde, cuello, vuelta, y barras carmesí, morrion de zuela con cordones amarillos, maleta, y schabrag verde con galon amarillo
Comandante Sr. coronel D. Gregorio Guillen.
Sarjento mayor B. D. Manuel Suarez.

COLEJIO MILITAR.

Fué creado por decreto de 30 de enero de 1830: y por otros de 24 de enero y 14 de mayo de 1832, debe constar hoy de sesenta cadetes del ejercito, y armada. Su uniforme, casaca grana, con cuello, vuelta, torro, y vivos negros, un ojal de oro al cuello, morrion de paño negro, con cordones de oro. Los jefes, y oficiales con nueve ojales de oro en la solapa, tres en la vuelta, tres en la cartera, y fusil, sable, y granada bordados en el cuello, pantalon azul ó blanco, con galon ancho sobre la costura, tres cadenetas de oro bordadas en el morrion, y sombrero con galon.

Plana mayor.

Director jeneral Sr. contra-almirante de la armada D. Eujenio Cortés

Comandante del cuerpo B Sarjento mayor graduado de teniente coronel D. Manuel Ignacio Vivanco

Ayudante mayor encargado del detall Capitan D. Juan de Dios Oyague

Id. supernumerarios Capitan graduado de sarjento mayor D. Lorenzo Roman Gonzalez

Teniente 1. ° de la armada D. Manuel Garcia

Id. 2. ° graduado de id. D. Ramon Azcarate

Subteniente de injenieros D. José Castañon

Tiene ademas el cuerpo un capellan, un cirujano de primera clase, un practicante, un corneta mayor, y un sarjento 1. ° distinguido amanuense del detall.

Compañia de cadetes.

Capitan D Manuel Saldias

Teniente Capitan graduado D. Pedro Beltran

Teniente D. Francisco José Cañas

Subteniente D.

El Sr. Capitan de navio D. Eduardo Carrasco, es director de la enseñanza naval, y los mismos oficiales del cuerpo son profesores de las diversas ciencias que se enseñan á los cadetes. Hay cinco oficiales agregados para cursarlas.

PLAZA DEL CALLAO.

Gobernador Sr. jeneral de brigada B. D. Manuel Vargas

Sarjento mayor de plaza Teniente coronel B. D. Manuel Espinoza.

Comandante de artilleria Teniente coronel B. D. Felipe Contreras.

Comandante del fuerte del Sol Sarjento mayor graduado D. Tomás Cabanillas.

Ayudantes Sarjento mayor graduado D. Javier Estrada.

Capitan D. Rafael Calvo.
Id. D. Mariano Efen.
Capitan pagador D. Hijinio Morales.

HOSPITALES MILITARES.

Inspector D.
Subinspector D. D. José Santos Montero
Existen varios cirujanos mayores de primera y segunda clase; el uniforme que usan, es un peti azul, con bordado, y ojales de plata, y los demas distintivos que señala el supremo decreto de 28 de enero de 1830.

CUERPOS CIVICOS.

DEPARTAMENTO DE AREQUIPA.

Infanteria.

Rejimientos. *Arequipa. Coronel.* Teniente coronel graduado de ejército D. Pedro José Gamio
Lejion de comercio de id. Comand. D Francisco Arrospide
Batallones. *Acarí. Comandantes.* D. José Albariño
Moquegua D. Ezequiel Mendoza
Tarapacá D. Santiago Zabala

Caballeria.

Rejimientos. 1. ° *Arequipa. Coroneles.* D.J.Ciriaco Garcia
2. ° *id.* Coronel de ejército D. Mariano Benavides
Acarí D. José Maria Gomez
Camaná D. José.Gervasio Florez
Caravelí D. Manuel Ramirez de Arellano
Majes D. José Gavino Febres
Escuadrones. *Arica. Comandantes.* D. Joaquin Ramirez
Ilabaya D. Bruno Vasquez
Moquegua D. Enrique Solar
Sama D. Santos Guisa
Tacna D. Juan A. Gonzalez Vijil
Tarapacá D. Pedro José Zabala

Instructores de los cuerpos.

Capitan graduado de sarjento mayor D. José Leysequilla
Id. D. Francisco Deustua
Id. D. Eduardo Espejo
Id. D. Agustin Jimenez

DEPARTAMENTO DE AYACUCHO.

Infanteria.

Rejimiento. *Andahuaylas. Coronel* D. Joaquin Lira

Batallones. *Ayacucho. Comandantes* D. Manuel Cabrera
Castrovireyna D. Andres Negron
Huancavelica D. Gabriel Delgado
Huanta D. José Moreyra
Lucanas D. Marcelo Castro
Parinacochas D. José Maria Castañeda

Caballeria.

Escuadrones. *Ayacucho. Comandantes* D. Francisco Hernandez
Huancavelica D. José Manuel Sanchez
Huanta D. José Santillana
Parinacochas D. Ignacio Montoya
Tambo D. José Carrasco

DEPARTAMENTO DEL CUZCO

Infanteria.

Rejimientos. *Abancay. Coroneles* D. José Santos
Cuzco D. Manuel Orihuela
Urubamba D. Juan Ejidio Garmendia
Batallones. *Aymaraes. Comandantes* D. Gregorio Quintana
Cotabambas D. Felipe Infantas
Paruro D. Gregorio Lugones

Caballeria.

Rejimientos. *Chumbivilcas. Coroneles* D. Mariano Nadal
Quispicanchi Coronel de ejército D. José Gavino Concha
Tinta D. Juan Cevallos

Instructores de los cuerpos.

Sr. Coronel graduado de ejército D. Mateo Estrada
Teniente coronel de id. D. Anselmo Montanches
Teniente D. Juan Pio Vega
Id. D. Andres Calderon

DEPARTAMENTO DE JUNIN.

Infanteria.

Batallones. *Cajatambo. Comandantes* D. Marcelino Fernandez
Chaupiguaranga Coronel D. Antonio Velazquez
Choque Recuay D. Juan Bautista Mejia
Huamalies D. Manuel Caballero
Huari D. José Esparza
Jauja D. Alejo Martinez
Rurin Huaylas D. Mariano Gayoso

Tarma D. Francisco Hurtado

Caballeria

Rejimientos. *Chaupiguaranga. Coroneles* D. Jorje Duran
Conchucos D. Francisco de Borja Rodriguez
Huancayo D. Miguel Ugarte
Escuadrones. *Huaraz. Comandantes.* D. Bernabé Marquez
Cerro de Pasco D. Camilo Mier
Junin D. José Nicolas Lecuona

DEPARTAMENTO DE LA LIBERTAD

Infanteria

Batallones. *Cajabamba. Comandantes* D. Agustin Linch.
Cajamarca. Coronel de ejército D. Mariano Cabada
Chiclayo D. Pedro Caballero
De Jesus D. Juan Reburedo
De la Asuncion D. Cipriano Casanova
Huamachuco D. Manuel Miñano
Lambayeque D. José Maria Muga
Mollepata D. Manuel Bringas
Otuzco D. Venancio Corcuera
Picsi D. Francisco de Paula Cabrera
Piura D. Manuel Silva
Santiago de Chuco D. Manuel Sanchez
Trujillo D. Nicolas Garcia Inca
Usquil D. José Antonio Montoya

Caballeria

Rejimientos. *Celendin. Coroneles* D. Vicente Barrantes
Chota D. Manuel Espino
Ferreñafe D. Pedro José Muñecas
Lambayeque D. Rafael Saco
San Marcos D. Manuel Leon Gomex
San Miguel D. José Galvez Paz
San Pablo D. Manuel Maria Galvez
Sullana Coron. grad. de ejérc. D.Miguel Vargas Machuca
Trujillo. Comandante accidental D. Santiago Hernandez
Escuadrones. *Chongollap. Comandantes* D. José Maria Rioja
Condebamba Coronel de ejército D. José Velesmoro
Eten D. Santiago Leguia
Guadalupe D. José Valareso
Huamachuco D. Gaspar Calderon

Ichoacan D. Manuel Vicente Gomez
Llama D. Juan Felipe Galvez
Cachen D. Anacleto Romero
Lucma D José Gregorio Bovadilla
Otuzco D. Simon Sanchez
Santa Cruz D. José Torrell
Santiago de Chuco D. José Maria Oliva
Saña D. José Leguia

DEPARTAMENTO DE LIMA.

Infanteria

Batallones. *Huacho. Comandantes* D. Juan Carrillo, accidental
Ica D. Mariano Salas
Lima 1.° *de la Guardia* D. Ignacio Francisco Grados
2.° *de la Union* D. José Peñaloza
3.° *Lejion de Comercio* D. Juan José Mayo

Caballeria

Rejimientos. *Canta. Coroneles* D. José Campoo
Chancay D. Luis Soria
Huampaní D. Juan Guzman Malamoco
Huaura D. Manuel Salazar y Vicuña
Ica D. Fuljencio Garcia Guerrero
Santa D. Anjel Gonzalez del Riego
Cañete D. Manuel Argudo
Escuadrones. *Huacho. Comandantes* D. Baltasar de la Roza
Supe D. Lucas Fonseca

DEPARTAMENTO DE PUNO.

Infanteria.

Rejimientos. *Carabaya. Coroneles* D. Rufino Macedo
Chucuito D. Estevan Catacora
Batallones. *Huancané. Comandantes.* D. Mariano Ponce
Lampa D. Juan José Salcedo

Caballeria.

Regimientos. *Azangaro Coroneles.* D. Luis Sanchez Toro
Lampa D. Pedro Aguirre
Escuadron. *Puno. Comandante* D. Marcos Goyzueta

Instructores de los cuerpos.

Sarjento mayor D. Francisco Sanchez
Capitan graduado D. Polonio Florez
Subteniente D. Andres Alzamora

Nota: Se han omitido los cuerpos del departamento de Amazonas y algunos del de la Libertad, por estarse arreglando.

ARMADA NACIONAL.

DIRECCION JENERAL.

Sr. Ministro de estado del despacho de guerra y marina

OFICIALES JENERALES.

Vice almirante Sr. D. José Pascual de Vivero
Contra almirante Sr. D. Eujenio Cortes

DEPARTAMENTO DE MARINA.

COMANDANCIA JENERAL.

Comandante jeneral. Capitan de navio Sr. D. Carlos Garcia Postigo
Mayor del departamento. Capitan de fragata D. Juan Illadoy
Ayudante de la comandancia jeneral. Alferez de fragata D. Miguel Pastrana
Ayudante secretario D.
Encargado de la secretaria Oficial 3. ° del cuerpo político D. Lorenzo Antonio Parodi
Auditor de marina D. D. Mariano Ayluardo
Escribano D. Juan Becerra
Amanuenses de la comandancia jeneral D. Ignacio Romero D.

ARSENAL.

Comandante El mayor del departamento
Maestro mayor de maestranza Primer teniente graduado D. Tomas Falconí
Ayudante Segundo teniente D. Tomas Rios
Escribiente D. Francisco Alvarez

CAPITANIA DEL PUERTO Y COMANDANCIA MILITAR DE MATRICULAS.

Capitan y comandante Capitan de fragata D. Estevan Salmon
1r. *Ayudante* 2. ° Teniente graduado D Francisco Gomez
2. ° *Id.* Alferez de fragata D. José Salavaldes
Amanuenses D. Melchor Suarez. D. José Santos Guerrero

ESCUELA CENTRAL DE MARINA Y COMANDANCIA DE PILOTOS

Director Capitan de navio Sr. D. Eduardo Carrasco
1r. *Maestro* Teniente 1.° D. Manuel Garcia
2.° *Id.* Teniente 2.° D. Ramon Azcarate
Alumnos del establecimiento, oficiales 2, guardias marinas embarcados 12, id cursantes 5, estudiantes de pilotaje 7
Pilotos de la armada 2, particulares primeros 6, segundos 17, terceros 1, prácticos 5

CUERPO POLITICO DE LA ARMADA.

Comisarios ordenadores.

B. Sr. D. José Antonio Henriquez, en la comisaria jen.
B. Sr. D. Pablo Romero, con licencia

Oficiales primeros.

B. D. José Manuel Vivero, en la comisaria
B. D. Tomas Vivero, en id.
D. José Calvo, interventor de almacenes
D. José Salamanca, contador de depósitos

Oficiales segundos.

D. Pedro Iladoy 1.° honorario, guarda almacen
D. Juan Crisostomo Lara. en la comisaria

Oficiales terceros

D. Manuel Calvo, en la comisaria
D. José Maria Caceres en id.
D. Francisco Javier Rueda, contador del bergantin Arequipeño
D. Juan José Saldivar id. de la fragata Monteagudo
D. Juan José Sanchez, auxiliar en los almacenes
D. Manuel Gurt, contador de la corveta Libertad
Portero de la comisaria D. Manuel Muñoz

BUQUES DE GUERRA

Corveta *Libertad* de 24 cañones. *Comandante* Capitan de fragata D. José Boterin
Bergantin *Araquipeño* de 16 cañones. *Comandante* Capitan de corveta D. Manuel Saari
Goleta *Peruviana* de 1 cañon. *Comandante* Capitan de corveta graduado D. Juan Panizo
Fragata trasporte *Monteagudo*. *Comandante* 1r. teniente graduado D. Manuel Eguia
Dos lanchas cañoneras

BRIGADA DE INFANTERIA DE MARINA

Dos compañias con la fuerza actual de 140 hombres

Comandante Sarjento mayor de ejército D. Manuel Hijinio Matiz

CAPITANIAS DE PUERTO.

Iquique D. Mariano Torres, en comision

Arica Capitan de fragata D. Manuel Quimper

Ilo D. Mariano Hurtado, en comision

Islay 1r. teniente D. Damian Alzamora

Pisco D. Juan Oavero

Chancay D. José Fernandez Pozo

Huacho D. Matias Ruiz

Santa D. Juan Busti, en comision

Huanchaco Capitan de infantería D. Agustin Pia Bastidas

Pacasmayo D. José Ceferino Hurtado

Lambayeque D. Teodoro Martinez

Payta Teniente coronel D. José Delfin

Tumbes D. Manuel Iturralde, en comision

Compañia de cargadores de la playa del Callao.

Comandante Sarjento mayor de ejército D. Francisco Placido Portocarrero

Dos subalternos.

ENMIENDAS Y ADICIONES.

En la paj. 5 lin. 20 añadase:

El 18 de setiembre de 1833, hácia las seis de la mañana se experimentó un gran terremoto en las costas del departamento de Arequipa, que duró dos minutos. En Tacna todos los edificios quedáron destruidos ó ruinosos, entre ellos la iglesia estrenada quince dias antes: muriéron 18 personas, y saliéron contusas ó heridas 25. El rejimiento Dragones de Honor, al mando del teniente coronel D Camilo Carrillo, estacionado allí, acampó al raso: este digno jefe y el cuerpo se comportáron con una dedicacion y actividad infatigables en auxilio del consternado vecindario, que se ha hecho lenguas en alabanza de sus jenerosos benefactores. La ciudad de Arica no fué menos desgraciada en sus casas particulares, templos y aduana: y en el distrito de Sama se inutilizáron las acequias de regadíe con los derrumbamientos de los cerros. La ciudad y campos de Moquegua padeciéron tambien gravemente: muchas casas, los templos y el colejio se redujéron à escombros; los depositos de vinos yaguardientes se derramáron con las sacudidas, y los brotes de las cepas viniéron abajo. Torata sufrió con poca diferencia iguales estragos. Locumba é Ilabaya fueron enteramente arruinadas, y en aquella la tierra se abrió en grietas, y vomitó una agua negra que se secó luego. Aun en Arequipa padeciéron algunos edificios. El sr. prefecto del departamento y el supremo gobierno han procurado dar á aquellos desolados habitantes cuantos alivios han estado á su alcance.

En la paj. 6 al fin añadase:

Se ha dispuesto ultimamente por el supremo gobierno, que los correos de Pasco salgan todos por la ruta de Canta los lúnes de cada semana en este órden: el 1.° y 3.° lúnes hasta Huánuco, llevando las comunicaciones de Huallanca y Huariaca: y el 2.° 4.° y 5.°, si lo hay, hasta Pasco solamente. Estos correos regresan los mártes

Las comunicaciones para Yauli, Tarma, Jauja y Huancayo, que jiraban por esos correos, las conducen ahora los del Cuzco.

En la paj. 22 lin 15 lease Sr. D. Marcelino Cabero.

En la paj. 22 lin. 26 lease: *Chumbivilcas* Sr. D. Juan Praxedo de la Cuba.

En la paj. 22 lin. 42 añadase: Sr. D. Manuel Palomino

En la paj. 23 lin. 6 lease: Dos vacantes

En la paj. 24 lin. 24 y 25 lease: Sr. D. Matias Leon Sr. D. Francisco Javier Mariátegui

En la paj. 24 lin. 31 añadase: Sr. D. Blas Cabrera

En la paj. 31 lin. 22 lease: *Oficial mayor* D. José Davila Condemarin

En la paj. 33 lin. 3 y sig. lease: Sr. D. Isidro Aramburu cerca de la república de Chile

Sr. D. D. Pedro Antonio de la Torre, encargado de negocios cerca de la república de Bolivia

En la paj. 34 lin. 16 añadase:

Vocales cesantes Sr. D. D. Fernando Lopez Aldana, condecorado con la medalla del ejército libertador, y benemérito de la patria en grado heroico y eminente.

Sr. D. D. José Maria Galdiano
Sr. D. D. Felipe Santiago Estenos
Sr. D. D. Manuel Villarán

Fiscal id. Sr. D. D. Ignacio Ortiz Cevallos

En la paj. 34 lin. 34 añadase

EXCMO. TRIBUNAL DE SIETE JUECES

Establecido conforme al art. 112 de la constitucion por ley de 1.° de setiembre de 1831.

Presidente Sr. D. Manuel José Bravo de Rueda
Vocales Sr. D. José Manuel Villaverde
Sr. D. Carlos Lizon
Sr. D. Ponciano Ayarza, ausente
Sr. D. Francisco Peña
Sr. D. José Manuel Fernandez Yoldi
Sr. D. Felipe Pardo
Fiscal Sr. D. D. Juan Asencios
Relator D. D. Francisco de Borja Corso
Secretario El de la H. J. Municipal D. José Antonio Cobian
Oficial mayor D. José Julian Mendoza
Porteros Los de la H. J. Municipal

En la paj. 35 lin. 19 lease: D. José Duran
En la paj. 35 lin. 21 lease: D. Manuel Perez
En la paj. 35 lin. 22 lease: D. José Maria Valdivieso
En la paj. 35 lin. 30 lease: D. José Asencios
En la paj. 36 lin. 14 omitase: interino
En la paj. 36 lin. 14 añadase: *Oficial agregado* D. Manuel Ponce
En la paj. 36 lin. 18 omitase: interino
En la paj. 36 lin. 19 y 20 lease: *Guarda almacenes* D. José Vargas Copado
En la paj. 39 lin. 35 añadase: *Oficial auxiliar* D. Lorenzo Amat
En la paj. 40 lin. 7 añadase:

DIRECCION JENERAL DE ADUANAS

Establecida por supremo decreto de 15 de noviembre de 1833

Director jeneral Sr. Administrador de la aduana principal de Lima

Oficial mayor D. Jose Palma

1 D. José Ambrosio Marquez

2 D. Francisco Camina

Oficial de partes y archivero D. Juan Lizon

Amanuenses D. Bruno Arevalo

D. Antonio Alvarado

En la paj. 44 lin. 9 y sig. lease:

Oficial 1 D. José Maria Cordova

2 D. Jose Medel

3 D. Ignacio Lizon

Archivero D. Francisco Puertas

Oficial de partes D. Manuel Figueroa

Amanuenses D. Lorenzo Junco. D. José Manuel Azabache

D. José Meneses

En la paj. 44 lin. 16 añadase: Sarjento mayor graduado D. Juan Anaya

En la paj. 44 lin. 19 lease. *Lima* D. Gaspar Larriva, interino

En la paj. 44 lin. 21 lease: *Cañete* Coronel graduado D. Manuel Argudo

En la paj. 44 lin. 22 lease: *Chancay y Santa* D. Manuel Orozco

En la paj. 45 lin. 29 añadase:

Fiscal interino Sr. D. D. Manuel José Bravo de Rueda

Vocales cesantes Sr. D. D. Miguel Gaspar Fuente Pacheco

Sr. D. D. Mariano Santos Quiros

En la paj. 46 lin. 10 lease: En Chancay D. Diego Fernandez de Cordoba, interino

En la paj. 47 lin. 17 lease: *Oficial mayor* D. Manuel Antonio Chaves

En la paj. 47 lin. 17 lease: *Oficial* 3. ° D. Domingo Perez Muente

En la paj. 49 lin 3 lease: *Oficial mayor* D. Mateo Gonzalez

En la paj. 56 lin. 6 añadase: *Ayudante* Oficial civico

D. Juan Manuel Torres, provisional

En la paj. 55 lin. 11 añadase; *Júez de primera instancia de las provincias* D. Celedonio Santillan, suspenso D. Juan Crisostomo Nieto, interino

En la paj. 56 lin. 19 añadase:

COLEJIO DE CHACHAPOYAS

Director D. Andres Eguren
Rector D. Bernardo Burga

ESCUELAS DE PRIMERAS LETRAS

19 en la provincia de Chachapoyas, 4 en la de Maynas, 12 en la de Pataz

HOSPITALES

Uno en Chachapoyas

En la paj. 56 lin. 39 lease: *Moquegua* D. Ezequiel Mendoza, interino

En la paj. 58 lin 28 lease: *Vista* D. Ciriaco Garcia

En la paj. 58 lin. 30 lease: *Oficial auxiliar* D. Mariano Ramirez

En la paj. 59 lin. 8 lease: *Oficial auxiliar de la administracion* D. Manuel Pascual Perez

En la paj. 68 lin. 36 lease: *Comandante* D. Mariano Pastor

En la paj. 73 lin. 14 lease: *Aymaraes* D. Melchor Hinojosa

En la paj. 75 lin. 2 lease: *Tesorero* D. Manuel Saldivar

En la paj. 75 lin. 7 lease: *Fiel y fundidor mayor* D. Casimiro Guillen

En la paj. 75 lin. 17 lease: *Guardamateriales* D. Anjelino Guillen

En la paj. 78 lin. 15 lease: *Chantre* D. D. Gregorio Mier

En la paj. 86 lin. 15 lease: *Chantre* D. D. José Agustin Larrea

En la paj. 88 lin. 32 añadase: D. D. Eujenio Mendoza

En la paj. 91 lin. 6 lease: *Arcediano* D. D. José Hijinio Madalengoytia

En la paj. 91 lin. 11 lease: D. José Maria Monzon

En la paj. 103 lin. 21 lease: *Ferreñafe* Teniente coronel de ejército D. Pedro José Muñecas

H. JUNTA MUNICIPAL DE LIMA

Alcaldes

D. Pascual Garate
D. José Valerio Gazols

Rejidores

D. Pedro Barrera
D. Juan José Daza
D. Marcelo Rivas
D. Lucas Cervigon
D. José Julian Guarda
D. Manuel Salazar y Mansilla
D. José Valentin Moreyra
D. José Manuel Blanco Azcona
D. Miguel Rivera
D. Santiago Meyans
D. Nicolas Garcia
D. José Manuel Aguirre

Sindicos procuradores

D. José Bravo de Rueda
D. Manuel Odriosola

SECRETARIA

Secretario, archivero y escribano D. José Antonio Cobian
Oficial mayor D. José Julian Mendoza
Id. I.° D. José Antonio Mendoza
Meritorio D. Pedro Cobian

TESORERIA

Administrador tesorero D. Pedro Manuel Escobar
Amanuense D. Francisco Ortiz
Porteros D. Juan Ortiz D. Ramon Geni

DIVERSOS DESTINOS

Abogado D. D. Tiburcio José de la Hermosa
Medicos conservadores del fluido vacuno Br. D. Pedro Figueroa
D. D. Francisco Fuentes

Nota—Las diversas comisiones de los SS. municipales se distribuyen á principio de año

DISTRITOS

en que se subdividen las provincias de los departamentos de la república

AMAZONAS

Chachapoyas. Atunluya Bagua, Balsas, Chachapoyas, Chiliquin, Chirquilla, Chuquibamba Guayabamba, Jalca, Levanto, Leymebamba, Luya, Ocalli, Olleros, Olto, Pizuqui, Riojas, San Carlos, Santo Tomas, Suta.

Maynas Ambi-Yaco, Lamas, Maynas, Saposua, Tarapoto.

Pataz. Bambamarca, Buldibuyoc, Chillia, Huancarpata, Huaylillas, Huayo, Parcoy, Pataz, Soledad, Tayabamba.

AREQUIPA

Arica. Arica, Belen, Candarave, Corpa, Ilabaya, Sama, Tacna, Tarata.

Camaná. Acarí, Aplao, Atiquipa, Camaná, Caravelí, Chaparra, Huancarqui, Jaqui, Quicacha, Uraca.

Caylloma. Achoma, Cabana, Callalli, Caylloma, Chivay, Coporaque, Ichupamba, Lari, Lluta, Maca, Madrigal, Sibayo, Siguas, Tapay, Tisco, Yanque, Yura.

Cercado. 5 distritos en la capital de Arequipa, Cayma, Characato, Chiguata, Paucarpata, Pocsi, Quequeña, Sabandía, Sachaca, Socabaya, Tambo, Tiabaya, Uchumayo, Vitor, Yanaguara

Condesuyos. Andagua, Ayo, Chachas, Chuquibamba, Orcopampa, Pampacolca, Viraco

Moquegua. Carumas, Ilo, Moquegua, Omate, Puquina, Torata, Ubinas

Tarapacá. Camiña, Pica, Sibaya, Tarapacá

AYACUCHO.

Andahuaylas. Andahuaylas, Cachi, Chinchero, Cocharcas, Huancarama, Huancaray, Huayana, Ocobamba Ongoy, Pampachiri, S. Jeronimo, Talavera

Cangallo. Cangallo, Hualla, Huambalpa, Sancos, Totos y Paras, Vizchongo

Castrovireyna Arma, Castrovireyna, Chavin, Cordoba. Huachos, Huangascar, Huaytará, Pilpichaca, Santiago,

Huamanga. Anco, Cachivinchos, Chiara Chungui, Quinua, Santiago, Tambillo.

Huancavelica. Acobamba, Acoria, Conayca, Lircay, Moya, S. Antonio, S. Sebastian, Sta. Ana, Sta. Barbara, Pulcamarca

Huanta. Acon, Ayhuanco, Carhuaran, Choymacota, Huamanguilla, Huanta, Luricocha, S. Miguel, Tambo

Lucanas. Aucará, Cabana, Carhuanca, Chipao, Huacaña, Laramate, Larcay, Otoca, Para y Sancos, Payco, Paquio, Querobamba, S. Juan, Sta Lucia

Parinacochas Charcana, Chumpi, Colta, Coracora, Corculla, Huaynacotas, Lampa, Oyolo, Paca, Pampamarca, Pararca, Pausa, Pullo, Sayla

Tayacaja. Ancos, Colcabamba, Huaribamba, Mayoc, Pampas, Paucarbamba, Salcabamba, Surcubamba

CUSCO

Abancay Abancay, Anta, Limatambo

Aymaraes. Antabamba, Chalhuanca, Circa, Colcabamba

Calca. Calca, Lares, Pisace

Cercado. 2 distritos en la capital, S. Jeronimo, S. Sebastian

Chumbivilcas. Colquemarca, Cotaguasi, Sto. Tomas, Velille

Cotabambas. Chaquibamba, Cotaneras, Tambobamba, Yanaguaras.

Paruro Accha, Guanoquite, Paruro

Paucartambo Catca, Caycay, Paucartambo

Quispicanchi. Acomayo, Huaroc, Oropesa, Quiquijana

Tinta. Checca, Checacupi, Langui, Sicuani, Tinta, Yauri

Urubamba. Huyro y Umuto, Sta. Ana, Urubamba, Yucay

JUNIN

Cajatambo Ambar, Cajatambo, Chiquian, Churin, Mangas, Ocros

Conchucos Pallasca, Piscobamba, Pomabamba, Tauca

Huamalies Baños, Chavin de Pariarca, Huacaybamba,

Huacrachuco, Jesus, Llata, Pachas, Singa.

Huánuco Huacar, Huánuco, Panao, Valle

Huari Chacas, Chavin de Huántar, Huari, Llamellin, S. Luis, S. Marcos, Uco

Huaylas Aija, Atunhuaylas, Caraz, Carhuaz, Corma, Cotaparaco, Huaraz, Macate, Pampas, Pararin, Recuay, Yungay

Jauja Chupaca, Comas, Huaripampa, Jauja, Mito

Pasco Carhuamayo, Chacayan, Huariaca, Junin, Pasco, Tarma, Yanahuanca

LIBERTAD

Cajamarca Asuncion, Cajamarca, Cascas, Celendin, Contumazá, Guzmango, Ichocan, Jesus, Magdalena, S. Marcos, S. Pablo, Sorochuco, Trinidad

Chota Bambamarca, Cachan, Chota, Cuterbo, Hualgayoc, Huambos, Niepos, San Miguel, Santa Cruz, Tacabamba

Huamachuco Cajabamba, Huamachuco, Lucma, Marcabal, Mollepata, Otuzco, Santiago de Chuco, Sartimbamba, Sinsicap, Usquil

Jaen Baguachica, Colasay, Collayne, Chirinos, Cujillos, Jaen de Bracamoros, Pimpingos, Querocotillo

Lambayeque Chiclayo, Eten, Ferreñafe, Guadalupe, Jayanca, Jequetepeque, Lambayeque, Monsefú, Morrope, Motupe, Muchumi, Olmos, Pacora, Picsi, Pueblo nuevo, Reque, Salas, S. Pedro, Saña

Piura Catacaos, Chalaco, Frias, Huaca, Huancabamba, Payta, Piura, Querocotillo, Sechura, Tumbes

Trujillo Arcope, Chocope, Huanchaco, Magdalena de Cao, Moche, Payjan, Santiago de Cao, Simbal, Trujillo, Virú

LIMA

Canta Araguay, Atabillos altos, Atabillos bajos, Canta, Huallay, Huamantanga, Lampian, Pacaraos, Pomacocha, S. Buenaventura

Cañete Cañete, Chilca, Chincha alta, Chincha baja, Coayllo y Mala, Lunahuaná, Pacaran

Chancay Aucallama, Barranca, Chancay, Checras, Huacho, Huaura, Iguarí, Paccho, Sayan, Supe

Huarochirí Carampoma, Chorrillos, Huarochirí, Matucana, Olleros, S. Damian, S. Lorenzo, S. Mateo, S. Pedro de Casta, Sta. Eulalia, Yauli

Ica Ica, Nasca, Palpa, Pisco

Lima Ate, Bellavista, Carabayllo, 5 distritos en Lima, Lurigancho, Pachacamac, Surco.

Santa Casma, Huarmey, Moro, Nepeña, Pativilca, Santa

Yauyos Ayaviri, Chupamarca, Huañec, Laraos, Omas, Pampas, Tauripampa, Viñac, Yauyos

PUNO

Azángaro Arapa, Asillo, Azángaro, Caminaca, Pusi, Putina, Saman, S. Anton, Santaraco, Santiago de Pupuja

Carabaya Aypata, Coaza, Crucero, Fara, Ituata, Macusani, Patambuco, Quiaca, Sandia

Chucuito Acora, Chucuito, Desaguadero, Guacullani, Ilave, Juli, Pichacani, Pizacoma, Pomata, Zepita, Yunguyo

Huancané Capachica, Coaca, Huancané, Inchupalla, Moho, Paucarcolla, Puno, S. Antonio, Tiquillaca, Vilquechico

Lampa Atuncolla, Ayaviri, Cabana, Cabanilla, Caracoto, Cupi, Juliaca, Lampa, Llalli, Macari, Nuñoa, Ocubiri, Orurillo, Pucará, Sta. Rosa, Umachiri, Vilque.

JUBILEO CIRCULAR.

CONCEDIDO POR EL S. P. VII PIO EN 4 DE MAYO DE 1816.

Turno de las iglesias en el año de 1834.

Enero. 1 2 Catedral 3 4 Encarnacion. 5 Veracruz. 6 Trinidad. 7 8 Copacavana. 9 10 S. Lazaro. 11 12 S. Francisco. 13 Sto. Domingo. 14 Patrocinio. 15 16 S. Marcelo 17 S. Carlos. 18 S. Pedro. 19 Nazarenas. 20 Patrocinio. 21 S. Sebastian. 22 Caridad. 23 24 Sagrario. 25 26 S. Agustin. 27 28 Sta. Clara. 29 Mercedarias. 30 Recoleta Dominica. 31 Merced.

Febrero. 1 Veracruz. 2 Belen 3 Patrocinio. 4 5 Sta. Ana 6. Sta. Catalina. 7 8 Trinitarias. 9 10 11 S. Pedro 12 3 Concepcion. 14 15 Encarnacion. 16 17 Santo Domingo. 18 Caridad. 19 20 Trinitarias. 21 Descalzos. 22 23 San Agustin. 24 25 Merced 26 27 Sagrario. 28 San Francisco de Paula.

Marzo. 1 2 Sto. Domingo. 3 4 San Juan de Dios. 5 6 Sagrario. 7 Sto. Tomas. 8 9 San Francisco 10 11 San Pedro. 12 Jesus Maria. 13 Patrocinio 14 San Francisco de Paula. 15 á 21 Soledad. 22 Merced. 23 á 29 *No hay.* 30 31 San Francisco

Abril. 1 S. Francisco. 2 S. Francisco de Paula. 3 4 Huerfanos. 5 Sto. Domingo. 6 Veracruz. 7 8 Concepcion. 9 Sta. Rosa Nueva. 10 11 Huerfanos. 12 13 San Francisco. 14 15 Encarnacion. 16 Cercado. 17 18 Huerfanos. 19 Patrocinio, 20 Trinitarias. 21 22 San Pedro. 23 Carmen Alto. 24 Huerfanos. 25 á 30 Veracruz.

Mayo. 1 á 4 Veracruz. 5 6 Concepcion. 7 Desamparados. 8 Catedral. 9 Naranjos. 10 11 S. Francisco. 12 13 Sta. Clara. 14 15 Encarnacion. 16 Patrocinio. 17 Espiritu Sto. 18 Trinitarias. 19 Prado. 20 21 Trinidad. 22 23 Descalzos. 24 25 Sto. Domingo 26 27 San Agustin. 28 Sta. Ana. 29 30 31 Catedral.

Junio. 1 á 5 Catedral. 6 Trinitarias. 7 8 S. Francisco. 9 10 Sta. Catalina. 11 12 S. Lazaro. 13 Patrocinio. 14 Encarnacion. 15 Trinitarias 16 S. Marcelo. 17 18 Merced. 19 20 Concepcion 21 Trinitarias 22 23 S. Agustin. 24 S. Francisco. 25 26 San Ana. 27 28 Sagrario. 29 30 San Pedro.

Julio. 1 Descalzas. 2 Trinidad. 34 Mercedarias. 5 6 Sto. Domingo. 7 8 Buenamuerte. 9 10 Desamparados. 11 Merce. 12 13 S Francisco. 14 15 Encarnacion. 16 17 Carmen Alto. 18 Patrocinio. 19 á 28 Nazarenas. 29 30 Sagrario. 31 Descalzos.

Agosto. 1 2 S. Francisco 3 4 Sta Rosa Nueva. 5 6 Santo Domingo. 7 Trinidad 8 S. Lazaro. 9 10 S. Francisco. 11 S. Sebastian. 12 13 Sta. Catalina. 14 15 Encarnacion. 16 Caridad. 17 Trinitarias. 18 Veracruz. 19 20 Trinidad. 21 Santa Ana 22 23 24 Patrocinio. 25 Trinitarias. 26 S. Pedro. 27 28 Santuario de Sta. Rosa 29 Viterbo. 30 31 San Agstin.

Setiembre 1 á 8 S. Agustin 9 10 Cochareas. 11 12 Viterbo 13 S. Francisco 14 Veracruz. 15 á 24 Merced. 25 26 Sagrario. 27 28 S. Agustin. 29 Nazarenas. 30 San Pedro.

Octubre. 1 Merced. 2 3 Santa Ana.
4 á 12 Santo Domingo. 13 Descalzos.
14 Encarnacion. 15 Santa Teresa. 16 17 Cercado
18 19 Catedral. 20 21 Sta. Clara. 22 San Pedro.
23 24 San Juan de Dios. 25 Amparadas.
26 Recoleta Dominica. 27 Merced. 28 Patrocinio.
29 30 Merced. 31 Refujio.

Noviembre, 1 á 9 Patrocinio.
10 11 San Francisco 12 13 Santa Clara.
14 15 Encarnacion. 16 Trinitarias. 17 Descalzos.
18 Trinidad. 19 20 Trinitarias. 21 Cabezas.
22 23 San Pedro. 24 25 26 Nazarenas.
27 á 30 Milagro.

Diciembre. 1 á 5 Milagro. 6 Sto. Domingo.
7 Trinidad. 8 á 15 Catedral. 16 Veracruz.
17 18 Concepcion. 19 Patrocinio.
20 Desamparados. 21 Trinitarias.
22 23 Recoleta Dominica. 24 á 31 San Francisco.

INDICE.

Por suprema órden comunicada en 17 de abril de 1829 se ha dispuesto que las *Guias de Forasteros* sean libres de porte de correo, como los demas periódicos.

Se halla en la botica del Puente, y en la calle de Judios, tienda de D. José Dorado, N. 107.

FIN.

LISTA DE LAS OBRAS MANUSCRITAS É IMPRESAS del finado Sr. D. D. Hipólito Unanue sacada de la autógrafa que posee un curioso. *

De 1780 *á* 1790.

Ensayos *para la educacion de la juventud.*

Sobre la lengua latina, con un análisis del arte poética de Horacio, ilustrados sus preceptos con trozos escojidos de los poetas latinos, y españoles.

Sobre los principios de la geometría, lójica, metafisica y ética.

Defensa del sistema fisico de Newton, primera vez que se tuvo en la universidad de S. Marcos, sostenido en muchas proposiciones á mañana y tarde, por D. Agustin Landaburu, coronel de húsares, y edecan que fué del marques de la Romana: titular. *leges Newtoni, quibus planetas sese attrahi physica euincit caelestis, pari certitudine demonstrant telluris montium attractiones.*

Disertaciones latinas.

Leccion extemporanea para obtener el grado de doctor en medicina sobre el aforismo de Hipócrates: *sub cane, et ante canem difficiles sunt purgationes.* El texto se propuso en el idioma griego en que se escribió, é ilustró la parte astronómica, con lo que observáron los egipcios y escribiéron los griegos.

Leccion extemporanea, exponiendo un texto de Galeno sobre la estructura de la garganta, formacion de la voz, y el canto en el hombre y en los animales. Recitada en oposicion á la cátedra de anatomía de la real universidad, que obtuvo por exceso de sufrajios.

De 1790 *á* 1800.

Fundó el anfiteatro anatómico. Al discurso de su apertura, impreso en el *Mercurio*, concurrió en la universidad el virey con las autoridades principales.

Tabla para los exámenes de anatomía, continuadas despues por sus discípulos, entre otros el elegante D. D. José Pezet, muy versado en la anatomía comparada, y el diestro prosector y cirujano D. José Gavino

---

* El Sr. D. Amadeo Chaumette des Fossés, ex-consul jeneral de Francia en esta república, caballero y comendador de varias órdenes &c.

Discurso y plan para unas conferencias de medicina y cirujía en el real anfiteatro, impreso en el *Mercurio Peruano:* fué muy grande el aprovechamiento en las conferencias: sobresaliéron los DD. Pezet, Dávalos, y Valdes, escritores apreciables.

Como secretario de la sociedad de amantes de Lima, autora del *Mercurio Peruano*, escribió los discursos que se leen en esa obra bajo su nombre, y el de *Aristio.*

Al mismo tiempo compuso en cinco tomos, publicados en otros tantos años, la estadística del Perú, bajo el título de *Guia política, eclesiastica y militar*, y queriendo perfeccionarla reduciéndola á un sistema, sin la nomenclatura de empleados y cosas inútiles, no se le permitió: contentóse con formar un compendio estadístico, impreso en el tomo intitulado *Verdadero Peruano*; ese compendio se ha traducido en ingles.

Informe sobre los establecimientos literarios, gobernando el virey Jil [se halla en los *Monumentos literarios del Perú* 1812]

Discursos académicos recitados en la universidad de S. Marcos, en los exámenes de los jóvenes del colejio Carolino; se hallan impresos algunos en el *Verdadero Peruano*

Teses latinas de medicina sobre el influjo de la luna en los habitantes de la zona tórrida : fiebre puerperal: broncotomia, &c. impresas en Lima.

De 1800 *a* 1810.

Observaciones sobre el clima de Lima, impresas en 1806, reimpresas en Madrid con muchas mejoras en 1815.

Actuaciones sobre la vacuna con discursos en latin y castellano, impresos en Lima: se publicáron fragmentos de los primeros en los diarios de Nueva York.

Otros opúsculos sobre un panteon, sobre el camino del Callao, y sobre la ereccion del rejimiento de la Concordia,

Fundacion del colejio de medicina y cirujia de Lima,

Oficio que el Sr. Abascal pasó á diferentes gobiernos, avisando del establecimiento, y excitando á la concurrencia á él.

Planes para arreglar los estudios de este colejio: se imprimió un synopsis de ellos en Lima, y reimprimió con elojio en Nueva York. En el *Repertorio americano*, impreso en Londres, se da razon de este colejio y su adelantamiento en el cultivo de las ciencias naturales.

De 1810 *á* 1820 *y sig.*

Constituido de diputado á las cortes españolas, era su deber defender en América y Europa los derechos de los americanos. Costáronle en Lima no pequeños disgustos algunas publicaciones sobre este asunto: y en el papel intitulado *Los Andes libres*, publicado en 1821, dió mayor extencion á sus ideas.

De 1820 en adelante colocado en los altos puestos de la república imprimió:

Exposicion sobre la hacienda del Perú, dando cuenta al primer congreso de 1822 de la administracion que habia tenido de ella.

Discurso al congreso al ocupar la silla de presidente de él, en fines de 1822.

Memoria sobre el ministerio de estado, y presidencia del consejo de gobierno, impreso en el periódico ministerial titulado el *Peruano* en julio de 1826.

Discursos sueltos con motivo de la instalacion del consejo de gobierno, y fiestas civicas por los gloriosos triunfos de Junin y de Ayacucho.

A las observaciones fisicas sobre el clima de Lima, debian haber seguido las observaciones políticas sobre el Perú, pero en julio de 1822 se le quemáron todos sus manuscritos en un incendio de los ministerios.

En el artículo necrolójico, inserto en el *Mercurio Peruano* N. 1730 de 17 de Julio de 1833, se dijo que el Sr. Unanue habia fallecido en la edad de 78 años: noticias fidedignas acreditan que aun no tenia 75, habiendo nacido el 13 de agosto de 1758.

CPSIA information can be obtained at www.ICGtesting.com
Printed in the USA
BVOW04s1319130913

331120BV00009B/173/P

9 781160 817554